AF585747

PRIX COURANT

DES ARTICLES

DE

PHOTOGRAPHIE

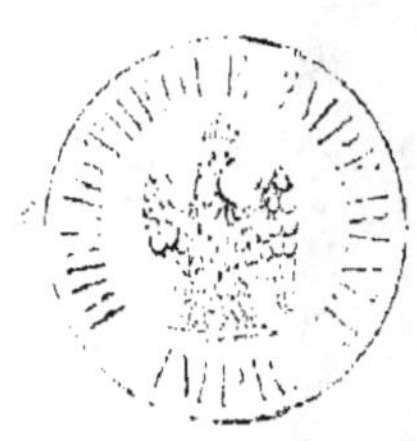

SECRETAN

SUCCESSEUR

DE

LEREBOURS & SECRETAN

MAI 1859

TABLE SYSTÉMATIQUE

DES MATIÈRES.

TABLE

PAR ORDRE ALPHABÉTIQUE.

REMARQUES ESSENTIELLES.

1° Pour trouver un article dans le présent Prix courant, consultez sa table alphabétique page 3;

2° Consultez, pour la réduction des nouvelles mesures en pieds, pouces et lignes, et réciproquement, le tableau dressé pour cet usage, page 10;

3° On est prié, en faisant une commande, d'indiquer le numéro de l'article et la lettre en tête de la colonne dans laquelle il se trouve, quand il y en a plusieurs;

4° Il est indispensable d'indiquer l'année de la publication du Prix courant dans lequel on a trouvé l'article qu'on désire;

5° Ce présent catalogue, quant aux prix, annule tous les précédents;

6° Les personnes qui font une commande pour la première fois voudront bien nous envoyer soit un bon sur la poste, soit un mandat sur un banquier de Paris (1), soit enfin nous indiquer une maison où nous puissions toucher le montant au moment de l'expédition, autrement elles ne trouveront pas mauvais que nous fassions suivre le remboursement (2);

7° Pour éviter les contrefaçons il sera bon, quand les commandes se feront par intermédiaires, d'exiger que tous les instruments portent la marque ou le poinçon SECRETAN. Les opticiens de la province ou de l'étranger qui ne voudraient pas que ce nom figurât sur les appareils devront, dans leur demande, en faire une recommandation *expresse;*

8° On est prié d'affranchir les lettres quand on ne demande que des renseignements;

9° On voudra bien indiquer si les envois doivent être faits par petite ou grande vitesse.

10° Outre les articles du présent Prix courant, et ceux de notre Catalogue général, nous pouvons fournir tout ce qui est nécessaire pour les établissements de photographie, pour les cours de physique et de chimie : livres, produits chimiques, minéraux, préparations d'histoire naturelle, etc., etc.

---

(1) Il suffit pour se procurer ces mandats de déposer l'argent chez un banquier de la localité; ces Messieurs ont tous des correspondants à Paris.

(2) Ce mode de recouvrement n'est possible que pour la France et pour quelques villes principales de Belgique, de Hollande, d'Angleterre, de Suisse et d'Italie; à ces exceptions près, les mandats seuls sont praticables.

AVERTISSEMENT.

Comme dans les éditions précédentes, nous donnons ici un aperçu des différents genres de photographie. Ces renseignements pourront servir à guider dans leurs acquisitions les personnes qui n'ont aucune connaissance des procédés.

La photographie peut actuellement se subdiviser en trois parties bien distinctes : la *photographie sur glace* ou *sur verre*, la *photographie sur papier*, et la *photographie sur plaqué* ou *daguerréotype*.

§ I. De la photographie sur glace.

La *photographie sur glace* se compose des opérations suivantes : 1° former sur une glace une couche mince et homogène, soit d'albumine soit de collodion contenant un iodure soluble; 2° rendre cette couche sensible à l'action de la lumière à l'aide d'une solution d'azotate d'argent ; 3° exposer cette glace ainsi préparée à la chambre noire , où il se formera une image latente; 4° développer cette image au moyen d'une substance réductrice et enfin la fixer à l'aide d'une dissolution d'hyposulfite ou de cianure de potassium. Cette image est *négative*, c'est-à-dire que, observée par transparence, les lumières y sont traduites par des noirs et les blancs par des clairs; c'est un véritable cliché à l'aide duquel on peut reproduire un nombre illimité d'épreuves.

Pour tirer des *épreuves positives* du cliché dont nous venons de suivre la formation, il suffit d'appliquer ce cliché sur une feuille de papier préparé au chlorure d'argent, de les placer ensemble dans un châssis garni d'une glace épaisse contre laquelle on presse le tout à l'aide d'une planchette poussée par des ressorts ou des vis, et d'exposer à la lumière solaire. Les parties du papier qui se trouvent sous les clairs du *négatif* (cliché) sont noircies par l'action de la lumière, tandis que les parties couvertes par ses noirs, étant protégées, restent blanches. Il en résulte un dessin inverse de celui du cliché, et, par cette raison, une image ayant ses ombres et ses clairs comme dans la nature. Il ne reste plus qu'à soumettre cette image à l'action de l'hyposulfite de soude, dont l'effet est de dissoudre la préparation qui n'a pas été noircie; l'épreuve est alors fixée. On comprend que le *négatif*, dont le rôle n'a été que de tamiser la lumière, n'a aucunement été altéré; il peut donc servir de nouveau autant de fois qu'on le désire.

On peut remplacer le papier par des glaces albuminées pour faire les épreuves *positives*. C'est ainsi que sont faites ces charmantes épreuves stéréoscopiques transparentes qu'on trouve dans le commerce. On peut aussi faire le tirage au moyen de la chambre noire : cela permet d'obtenir des épreuves positives réduites ou amplifiées. C'est par ce moyen qu'on arrive à faire des portraits de grandeur naturelle, à l'aide de *clichés* de petites dimensions; c'est aussi de cette manière que se font les portraits sur cartes de visite.

C'est encore par la photographie sur verre collodionné qu'on obtient des épreuves *positives directes;* il suffit de modifier légèrement les dosages et la manipulation. Les épreuves positives directes sont d'ailleurs, vues par transparence, des négatives faibles : elles ne sont positives que par réflexion; pour les voir ainsi on applique derrière une étoffe noire ou un vernis noir (1), ou bien encore on transporte la pellicule de collodion sur toile cirée ou toute autre substance noire. Cette opération se fait facilement à l'aide des moyens indiqués dans les traités de photographie. Que ces épreuves soient conservées sur verre ou transportées, elles ont une extrême finesse et à peu près l'aspect des épreuves sur plaqué : c'est le procédé qui exige le moins d'exposition à la chambre noire.

Le collodion, par sa grande sensibilité, la simplicité de son emploi et surtout à cause de la finesse des images qu'il produit, est précieux pour faire les portraits, groupes et généralement tout ce qu'il faut obtenir en un temps de pose très-court, ainsi que pour ceux qui réclament une grande netteté dans les détails. Ce procédé serait donc employé exclusivement, si le poids des glaces et leur fragilité ne faisaient préférer le papier aux amateurs qui voyagent, surtout s'ils opèrent sur de grandes dimensions.

L'albumine donne des images encore plus fines que le collodion; mais son peu de sensibilité et la difficulté de son emploi font que cette substance n'est guère employée que pour faire les épreuves stéréoscopiques transparentes sur verre, pour celles-ci ce procédé est alors exclusivement adopté.

§ II. De la photographie sur papier.

Avec la *photographie sur papier*, on fait les épreuves *négatives* sur papier. Quant aux *positives*, elles se font par les mêmes procédés (2) que si le *négatif* était sur glace.

---

(1) Le vernis noir peut être appliqué sur l'épreuve même, qui est alors rendue visible par l'autre côté du verre.

(2) Voyez page précédente.

Les négatifs sur papier donnent des épreuves positives ayant moins de finesse, il est vrai, que celles obtenues de *négatifs* sur verre; mais elles ont un grand effet artistique.

Le papier ciré, qui peut être préparé longtemps à l'avance et qu'on transporte facilement, sera préféré par les amateurs qui voudront prendre des vues en voyage et pour lesquels une provision de glaces serait un objet trop embarrassant.

Avec ce procédé on ne fait généralement, en voyage, que des épreuves négatives : par là, on simplifie considérablement le bagage, puisqu'il suffit de prendre avec soi la première boîte de nos appareils (page 19) pour rapporter des centaines de clichés, pourvu qu'on ait une provision, peu volumineuse d'ailleurs, de produits chimiques et de papier ciré ioduré.

§ III. De la photographie sur plaqué (daguerréotype).

Tout le monde connaît le daguerréotype, qui consiste à obtenir des images sur des plaques de doublé d'argent; il donne des épreuves d'une finesse sans égale et d'une fixité parfaite, et on obtient de très-bons portraits surtout dans les petites dimensions. Ce procédé, vu la sûreté de ses résultats et la rapidité avec laquelle se font les opérations, a été certainement trop négligé dans ces derniers temps. C'est d'ailleurs celui qui donne les plus agréables *portraits stéréoscopiques*, car ils supportent une forte amplification sans perdre de leur pureté.

Réduction des lignes en millimètres.

Lignes.	Millim.	Lignes.	Millim.	Lignes.	Millim.	Lignes.	Millim.	Lignes.	Millim.	Lignes.	Millim.	Lignes.	Millim.	Lignes.	Millim.	Lignes.	Millim.	Lignes.	Millim.
1	2,3	6	13,5	11	24,8	16	36,1	21	47,4	26	58,7	31	69,9	36	81,2	41	92,5	45	101,5
2	4,5	7	15,8	12	27,0	17	38,4	22	49,6	27	60,9	32	72,2	37	83,5	42	94,7	46	103,8
3	6,8	8	18,0	13	29,3	18	40,6	23	51,9	28	63,2	33	74,4	38	85,7	43	97,0	47	106,0
4	9,0	9	20,3	14	31,6	19	42,8	24	54,1	29	65,4	34	76,7	39	88,0	44	99,3	48	108,3
5	11,3	10	22,6	15	33,8	20	45,1	25	56,4	30	67,7	35	79,0	40	90,2				

Réduction des pouces en centimètres.

Pouces.	Centim.	Pouces.	Centim.	Pouces.	Centim.	Pouces.	Centim.	Pouces.	Centim.	Pouces.	Centim.	Pouces.	Centim.	Pouces.	Centim.	Pouces.	Centim.	Pouces.	Centim.
1	2,7	13	35,2	25	67,6	37	100,2	49	132,6	61	165,1	73	197,6	85	230,1	97	262,6	109	295,1
2	5,4	14	37,9	26	70,3	38	102,9	50	135,4	62	167,8	74	200,3	86	232,8	98	265,3	110	297,8
3	8,1	15	40,6	27	73,0	39	105,6	51	138,1	63	170,5	75	203,0	87	235,5	99	268,0	111	300,5
4	10,8	16	43,3	28	75,8	40	108,3	52	140,8	64	173,2	76	205,7	88	238,2	100	270,7	112	303,2
5	13,5	17	46,0	29	78,5	41	111,0	53	143,5	65	176,0	77	208,4	89	240,9	101	273,4	113	305,9
6	16,2	18	48,7	30	81,2	42	113,7	54	146,2	66	178,7	78	211,1	90	243,6	102	276,1	114	308,6
7	18,9	19	51,4	31	83,9	43	116,4	55	148,9	67	181,4	79	213,9	91	246,3	103	278,8	115	311,3
8	21,7	20	54,1	32	86,6	44	119,1	56	151,6	68	184,1	80	216,6	92	249,0	104	281,5	116	314,0
9	24,4	21	56,8	33	89,3	45	121,8	57	154,3	69	186,8	81	219,3	93	251,8	105	284,2	117	316,7
10	27,1	22	59,5	34	92,0	46	124,5	58	157,0	70	189,5	82	222,0	94	254,5	106	286,9	118	319,4
11	29,8	23	62,2	35	94,7	47	127,2	59	159,7	71	192,2	83	224,7	95	257,2	107	289,6	119	322,1
12	32,5	24	64,9	36	97,5	48	129,9	60	162,4	72	194,9	84	227,4	96	259,9	108	292,4	120	324,8

Réduction des millimètres en lignes.

Millim.	Lignes.	Millim.	Lignes.	Millim.	Lignes.	Millim.	Lignes.	Millim.	Lignes.	Millim.	Lignes.	Millim.	Lignes.	Millim.	Lignes.	Millim.	Lignes.	Millim.	Lignes.
1	0,4	12	5,3	23	10,2	34	15,1	45	19,9	56	24,8	67	29,7	78	34,5	89	39,4	99	43,9
2	0,9	13	5,8	24	10,6	35	15,5	46	20,4	57	25,3	68	30,1	79	35,0	90	39,9	100	44,3
3	1,3	14	6,2	25	11,1	36	16,0	47	20,8	58	25,7	69	30,6	80	35,4	91	40,3	101	44,7
4	1,8	15	6,6	26	11,5	37	16,4	48	21,3	59	26,2	70	31,0	81	35,9	92	40,8	102	45,2
5	2,2	16	7,1	27	12,0	38	16,8	49	21,7	60	26,6	71	31,4	82	36,3	93	41,2	103	45,6
6	2,7	17	7,5	28	12,4	39	17,2	50	22,2	61	27,0	72	31,9	83	36,7	94	41,7	104	46,1
7	3,1	18	8,0	29	12,9	40	17,7	51	22,6	62	27,5	73	32,3	84	37,2	95	42,1	105	46,5
8	3,5	19	8,4	30	13,3	41	18,2	52	23,1	63	27,9	74	32,8	85	37,6	96	42,6	106	46,9
9	4,0	20	8,9	31	13,7	42	18,6	53	23,5	64	28,4	75	33,2	86	38,1	97	43,0	107	47,4
10	4,4	21	9,3	32	14,2	43	19,1	54	23,9	65	28,8	76	33,6	87	38,5	98	43,4	108	47,8
11	4,9	22	9,8	33	14,6	44	19,5	55	24,3	66	29,3	77	34,1	88	39,0				

Réduction des centimètres en pieds, pouces et lignes.

Centim.	Pieds.	Pouces.	Lignes.	Centim.	Pieds.	Pouces.	Lignes.	Centim.	Pieds.	Pouces.	Lignes.	Centim.	Pieds.	Pouces.	Lignes.	Centim.	Pieds.	Pouces.	Lignes.	Centim.	Pieds.	Pouces.	Lignes.
1	—	—	4,4	18	—	6	7,8	35	1	—	11,2	52	1	7	2,5	69	2	1	5,9	85	2	7	4,8
2	—	—	8,9	19	—	7	0,2	36	1	1	3,6	53	1	7	6,9	70	2	1	10,3	86	2	7	9,2
3	—	1	1,3	20	—	7	4,7	37	1	1	8,0	54	1	7	11,4	71	2	2	2,7	87	2	8	1,7
4	—	1	5,7	21	—	7	9,1	38	1	2	0,5	55	1	8	3,8	72	2	2	7,1	88	2	8	6,1
5	—	1	10,2	22	—	8	1,5	39	1	2	4,9	56	1	8	8,2	73	2	2	11,6	89	2	8	10.5
6	—	2	2,6	23	—	8	6,0	40	1	2	9,3	57	1	9	0,7	74	2	3	4,0	90	2	9	3,0
7	—	2	7,0	24	—	8	10,4	41	1	3	1,8	58	1	9	5,1	75	2	3	8,5	91	2	9	7,4
8	—	2	11,5	25	—	9	2,8	42	1	3	6,2	59	1	9	9,5	76	2	4	0,9	92	2	9	11,8
9	—	3	3,9	26	—	9	7,3	43	1	3	10,6	60	1	10	2,0	77	2	4	5,3	93	2	10	4,3
10	—	3	8,3	27	—	9	11,7	44	1	4	3,1	61	1	10	6,4	78	2	4	9,8	94	2	10	8,7
11	—	4	0,8	28	—	10	4,1	45	1	4	7,5	62	1	10	10,8	79	2	5	2,2	95	2	11	1,1
12	—	4	5,2	29	—	10	8,6	46	1	4	11,9	63	1	11	3,3	80	2	5	6,6	96	2	11	5,6
13	—	4	9,6	30	—	11	1,0	47	1	5	4,3	64	1	11	7,7	81	2	5	11,1	97	2	11	10,0
14	—	5	2,1	31	—	11	5,4	48	1	5	8,8	65	2	—	0,1	82	2	6	3,5	98	3	—	2,4
15	—	5	6,5	32	—	11	9,9	49	1	6	1,2	66	2	—	4,6	83	2	6	7,9	99	3	—	6,9
16	—	5	10,9	33	1	—	2,3	50	1	6	5,6	67	2	—	9,0	84	2	7	0,4	100	3	—	11,3
17	—	6	3,4	34	1	—	6,7	51	1	6	10,1	68	2	1	1,4								

OBJECTIFS[1].

OBJECTIFS DOUBLES[2] POUR PORTRAITS,

COMPOSÉS DE DEUX OBJECTIFS ACHROMATIQUES,

MONTURES A CRÉMAILLÈRE (*fig.* 1).

		LONGUEURS focales (3) en centimètres.	DIMENSIONS des épreuves en centimètres.	PRIX.
3201 (4)	**Pour portraits** 1/6 (5).	9	7 *sur* 9	30
3202	— 1/4 —.	12	9 *sur* 12	50
3203	— 1/2 —.	18	13 *sur* 18	80
3204	**De 81 mill. de diamètre.**	20	—	180
3205*	— —	24	18 *sur* 24	180
3206	— —	27	—	180
3207	— — (très-rapide).	14	9 *sur* 12	180
3208	**De 95 mill. de diamètre.**	25	18 *sur* 24	300
3209*	— —	30	—	300
3210	— —	35	21 *sur* 27	300
3211	**De 108 mill. de diamètre.** . . .	30	18 *sur* 24	500
3212	— —	37	21 *sur* 27	500
3213	— —	45	25 *sur* 32	500
3214	**De 135 mill. de diamètre** . . .	50	27 *sur* 35	800
3215	— —	60	30 *sur* 40	800
3216	**De 162 mill. de diamètre.** . . .	60 à 70	40 *sur* 50	1200

A

fig. 1.

Objectifs pour épreuves stéréoscopiques. (*Voyez* page 14 et suivante.)

Les quatre derniers numéros n'ont pas de crémaillère, leurs longueurs focales n'en permettant pas l'emploi.

A égalité de diamètre, les objectifs à court foyer opèrent plus rapidement que ceux à long foyer; mais ces derniers seront préférés par les personnes qui tiennent avant tout à la perfection des images. Certains amateurs prennent leurs objectifs du format supérieur à celui qui correspond à la dimension des portraits qu'ils veulent faire, afin d'obtenir des images plus correctes.

Nos objectifs à portraits sont munis de diaphragmes mobiles (A fig. 1) qu'on doit enlever quand on veut opérer rapidement. On sait que les diaphragmes augmentent la netteté des images, mais nécessitent une pose plus longue; on les emploie principalement quand il s'agit de reproduire des objets inanimés. Ces diaphragmes ont plusieurs ouvertures.

Tous nos objectifs sont essayés avant la livraison; ils n'ont pas de doubles foyers, ce qui évite à l'opérateur une surveillance continuelle.

---

(1) MM. le comte Aguado de la Blanchère, Blanquart-Evrard, Bertsch, Bisson frères, Adolphe Braun, de Dornach, Claudet, Crette, Davanne, Max. Ducamp, Hennemann, Jeanrenaud, G. Le Gray, Le Secq, Martens, Mestral, Nadar, de Nothomb, Place et Tranchant, Plumier, Renard, le comte de la Romera, Silvy, Teynard, le vicomte Vigier et autres bien connus par leurs magnifiques épreuves, emploient nos objectifs.

(2) On appelle objectif *double* celui qui est composé de deux objectifs achromatiques; ce système est aussi nommé *objectif système allemand*, *objectif à verres combinés*.

(3) Nous entendons ce foyer mesuré comme on a coutume de le faire, et non le foyer absolu. Voyez à ce sujet la brochure de M. Secretan : *De la distance focale des systèmes optiques convergents*.

(4) Ce numéro fait suite à notre dernier prix courant de Photographie

(5) Voyez page 56 et 57 les dimensions exactes des glaces et des plaques, 1/6, 1/4, 1/2 et normale.

OBJECTIFS POUR VUES (*fig.* 2) (1),

COMPOSÉS D'UN SEUL OBJECTIF ACHROMATIQUE (2).

fig. 2.

N°	Désignation	LONGUEURS focales (4). — Centimètres.	DIMENSIONS des épreuves. — Centimètres.	PRIX. A. MONTURES sans crémaillère.	PRIX. B. MONTURES à crémaillère.
3217	**Pour vues** 1/6 (3).	11	7 *sur* 9	15 »	25 »
3218	— — —	14	—	15 »	25 »
3219	— 1/4 —	16	9 *sur* 12	20 »	30 »
3220	— — —	20	—	20 »	30 »
3221	— 1/2 —	30	13 *sur* 18	30 »	40 »
3222	— —	35	—	30 »	40 »
3223	**De** 81 **mill. de diamètre,** dit normal . .	35	18 *sur* 24	70 »	80 »
3224	— —	40	—	70 »	80 »
3225	— —	45	21 *sur* 27	70 »	Ces objectifs ne sont pas susceptibles de recevoir de crémaillères, leurs longueurs focales n'en permettant pas l'emploi.
3226	— —	50	—	70 »	
3227	— —	60	25 *sur* 32	70 »	
3228	**De** 95 **mill.** —	70	27 *sur* 35	120 »	
3229	**De** 110 **mill.** —	80	30 *sur* 40	180 »	
3230	— —	90	40 *sur* 50	180 »	
3231	**De** 135 **mill.** —	110	45 *sur* 60	350 »	
3232	**De** 162 **mill.** —	150	60 *sur* 80	500 »	

Objectifs pour épreuves stéréoscopiques (*Voyez* page 14 et suivante).

Les objectifs à vues à court foyer ont un champ plus étendu que ceux à long foyer, la dimension de l'épreuve restant la même; mais ces derniers donnent des images d'une netteté plus parfaite sur les bords. Beaucoup d'amateurs et presque tous les photographes de profession ont pour la même chambre noire deux objectifs : l'un pour les usages ordinaires, ayant un foyer en rapport avec la dimension des épreuves (4); le second ayant un foyer plus court. Cela leur permet de prendre en entier des monuments que, faute de distance, ils n'auraient qu'en partie avec l'objectif de foyer ordinaire. D'autres y joignent un troisième objectif d'un foyer très-long, afin d'obtenir encore d'une grandeur raisonnable des objets qui, vu leur grande distance, se reproduiraient dans des dimensions trop petites. On comprend qu'en ayant, pour la même grandeur d'appareil, une collection d'objectifs de foyers différents, on arrive, d'où que l'on soit placé, à faire tenir au modèle telle étendue de l'image qu'on le désire.

Nous faisons également des objectifs de plus grand diamètre, ainsi que des appareils complets correspondants, pour le prix desquels on traitera de gré à gré.

---

(1) Ces objectifs sont aussi ceux employés pour faire les reproductions de gravures, tableaux, objets d'art, et généralement ceux qui réclament une netteté parfaite dans toutes leurs parties.

(2) Nommés objectifs simples par opposition aux objectifs à portraits, qui sont composés de deux objectifs achromatiques.

(3) Dans les tableaux, nous indiquons en nombres ronds de centimètres les mesures des dimensions 1/6, 1/4, 1/2 et normale : à l'article *Glaces*, page 56, et à l'article *Plaques*, page 57, nous indiquons exactement ces dimensions en millimètres.

(4) Pour obtenir une netteté parfaite jusqu'aux bords, on doit choisir un objectif dont la longueur focale soit double du plus grand côté des images qu'on veut faire. Néanmoins, afin d'avoir un champ plus étendu, on le prend souvent d'un foyer plus court; il faut cependant qu'il excède de deux tiers le plus grand côté des épreuves, sans quoi les parties extrêmes laisseraient à désirer.

MONTURES POUR FAIRE DES VUES (*fig.* 3)

AU MOYEN DE LA PREMIÈRE LENTILLE (1) DES OBJECTIFS A PORTRAITS.

Sous le nom d'*objectifs à portraits et à vues*, on a construit, depuis quelque temps, des objectifs à portraits dont *les montures* se divisent en plusieurs parties, sur l'une desquelles on place leur première lentille, afin de l'utiliser pour faire des vues. *Quant au système des lentilles, il est resté le même.* Ces diverses montures, pour la plupart d'une nouveauté contestée, ont l'inconvénient d'être lourdes et compliquées; par conséquent, elles sont susceptibles de se déranger; de plus, ces modifications les rendent d'un prix relativement élevé.

Pour notre compte, nous avons préféré faire, comme par le passé, nos montures d'objectifs pour portraits aussi légères et aussi peu volumineuses que possible et fournir à ceux de nos clients qui le désirent des montures identiques à celles de nos objectifs pour vues (2). Cette addition n'augmente pas le prix plus que ne le ferait une modification analogue à celles déjà proposées; cela présente de plus cet avantage que l'une des applications n'est pas sacrifiée à l'autre.

Nous ferons toutefois remarquer que les objectifs spécialement construits pour faire les vues sont toujours supérieurs aux objectifs dédoublés, quels qu'ils soient, employés pour le même usage; qu'ainsi nous ne conseillons ces derniers que comme auxiliaires des objectifs à vues, afin d'avoir une longueur focale différente (3), ce qui est d'une grande utilité dans certains cas. Voyez à ce sujet page 12 la note qui suit le tableau des objectifs à vues.

fig. 3.

		A. Sans crémaillère	B. A crémaillère.
3233	**Montures à vues** pour objectif 1/6	9 »	19 »
3234	— — 1/4	10 »	20 »
3235	— — 1/2	13 »	23 »
3236	— — de 84 millimètres. .	20 »	30 »
3237	— — de 95 — . .	35 »	La longueur focale de ces objectifs ne permet pas l'emploi de la crémaillère.
3238	— — de 108 — . .	50 »	
3239	— — de 135 — . .	75 »	
3240	— — de 162 — . .	95 »	

GLACES PARALLÈLES

POUR REDRESSER LES IMAGES DAGUERRIENNES, MONTURES FORME DE PRISME (*fig.* 4).

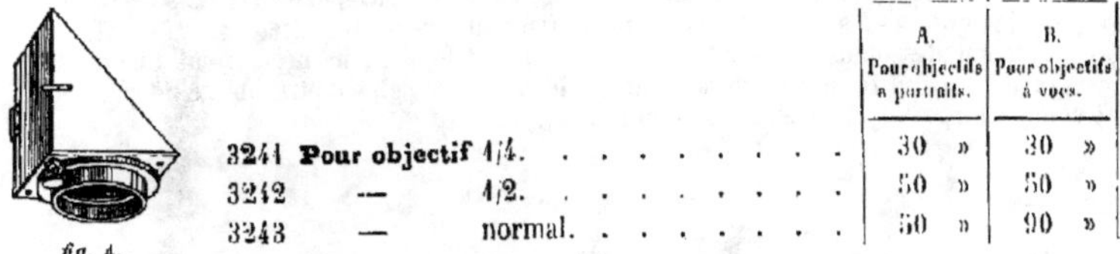

fig. 4.

		A. Pour objectifs à portraits.	B. Pour objectifs à vues.
3241	**Pour objectif** 1/4.	30 »	30 »
3242	— 1/2.	50 »	50 »
3243	— normal.	50 »	90 »

Il est indispensable que nous ayons l'objectif auquel on veut adapter une glace parallèle de la colonne B. Pour celles de la colonne A, cela n'est pas nécessaire si l'objectif est de notre fabrication; dans le cas contraire, on devra aussi nous le donner.

---

(1) La lentille qui, dans l'objectif à portraits, est tournée vers le modèle.

(2) La pièce en cuivre (barillet), dans laquelle est montée la lentille qui peut servir à faire les vues, a dans ce but le même pas de vis que celles de nos objectifs à vues; la lentille s'y trouve dans une position convenable.

(3) La première lentille d'un objectif pour portraits a un foyer double du foyer résultant du système complet *, ce qui nécessite que la chambre noire ait une allonge, ou qu'enfin, par un moyen quelconque, elle ait un grand développement. De plus, à égalité de foyer, un objectif à vues, spécial, donne une plus grande étendue de netteté.

* Nous entendons ce dernier foyer mesuré comme on a l'habitude de le faire, et non le foyer absolu. Voyez à cet égard la brochure de M. Secretan : *De la distance focale des systèmes optiques convergents.*

OBJECTIFS STÉRÉOSCOPIQUES.

OBJECTIFS JUMEAUX POUR PORTRAITS (*fig.* 5)

réunis sur une même embase

POUR OBTENIR SIMULTANÉMENT LES DEUX ÉPREUVES.

Montures à crémaillère mues par un même pignon, bouchons à charnière démasquant les deux objectifs d'un même coup.

3244 **Couple de 2 objectifs 1/6 pour portraits.** . . . . 90 »
3245 — — 1/4 — . . . . 130 »

On devra, en faisant usage de ces objectifs, avoir soin d'empêcher la lumière diffuse de pénétrer plus dans l'un que dans l'autre; sans cette précaution, l'une des deux images viendrait plus vite que l'autre, quoique ces objectifs soient identiquement semblables.

fig. 5.

OBJECTIFS JUMEAUX POUR VUES

MÊME CONSTRUCTION QUE LES PRÉCÉDENTS.

3246 **Couple de 2 objectifs 1/6 pour vues** . . . . 70 »
3247 — — 1/4 — . . . . 80 »

Quoique ces objectifs soient indiqués comme *objectifs à vues,* ils sont plutôt destinés à faire des reproductions d'objets placés à une petite distance de la chambre noire. Les personnes qui font des épreuves *positives directes* les emploient avec succès pour les portraits, ils sont surtout avantageux pour les groupes, sous ce rapport qu'ils rendent avec une netteté satisfaisante des personnages placés sur des plans très-différents; mais, il faut le dire, ils nécessitent une préparation d'une grande sensibilité, ainsi qu'une bonne lumière, sous peine d'être obligé de poser un temps relativement long. Voyez aussi la note plus bas.

OBJECTIFS JUMEAUX POUR VUES (*fig.* 6)

réunis sur une même embase, montures de forme ordinaire, bouchons séparés,

POUR FAIRE SUCCESSIVEMENT LES DEUX IMAGES.

	A. MONTURES sans crémaillère.	B. MONTURES à crémaillères indépendantes
3248 **Couple de 2 objectifs 1/6 pour vues.** . . .	30	50
3249 — 1/4 — . . .	40	60

Les six numéros précédents sont destinés à être montés sur les chambres noires, nº 3401, page 33. Voyez aussi la remarque précédente et celle ci-dessous.

fig. 6.

3250	**Deux bouchons simples** pour les objectifs 1/6 nº 3244 ou 3248	2	50
3251	— — — 1/4 nº 3245 ou 3249	3	»
3252	**Bouchon double, à charnières**, pour les objectifs nº 3244 ou 3248 . .	10	»
3253	— — — nº 3245 ou 3249 . .	12	»

L'écartement des objectifs jumeaux est limité par la dimension adoptée pour les épreuves stéréoscopiques; cet écartement est de 66 millimètres d'un centre à l'autre. Cependant quand le modèle est peu éloigné, les deux images produites présentent une perspective assez différente pour que, soumises au stéréoscope, elles rendent un relief satisfaisant : aussi ces instruments sont-ils convenables pour faire les portraits; ils sont très-avantageux sous ce rapport qu'ils permettent de faire les deux images sur une même plaque et surtout de les obtenir simultanément. Mais quand il s'agit d'objets placés à de grandes distances, de vues par exemple, il faut renoncer à la simultanéité; on doit prendre les images successivement et remédier au manque d'écartement des objectifs par un mouvement de la chambre noire (ce mouvement s'obtient et se gradue au moyen de la planchette nº 3516); autrement les deux images seraient trop semblables, et par cette raison ne produiraient pas l'effet stéréoscopique. Toutefois si, dans une vue, on avait des premiers plans très-rapprochés, on pourrait encore faire les deux images simultanément.

Les objectifs jumeaux 1/6, nº 3244, ont leurs bouchons de même diamètre que ceux nº 3248; on pourra donc, si l'on possède l'un et l'autre, opérer successivement ou simultanément, à volonté. Cette remarque s'applique également aux objectifs 1/4 nºs 3245 et 3249.

Les épreuves faites simultanément doivent être transposées; avant d'être soumises au stéréoscope, celle faite avec l'objectif de droite doit être placée à gauche, et *vice versâ;* sans cette précaution, on n'obtiendrait aucun relief (1). Quand on fait les deux images successivement, on opère de manière à les obtenir de suite, chacune à sa place. Le moyen est bien simple : il suffit de faire de la station droite l'épreuve gauche et de la station gauche, l'épreuve droite.

Cette dernière remarque s'applique également à l'emploi des chambres noires à un seul objectif, nº 3392 à 3395.

OBJECTIFS INDÉPENDANTS

POUR OBTENIR SIMULTANÉMENT LES DEUX ÉPREUVES AU MOYEN DE DEUX CHAMBRES NOIRES.

		A. MONTURES sans crémaillère.		B. MONTURES à crémaillère.	
3254	**Deux objectifs** 1/6 **pour portraits de même foyer**	»	»	60	»
3255	— 1/4 — —	»	»	100	»
3256	— 1/6 **pour vues**, —	30	»	50	»
3257	— 1/4 — —	40	»	60	»

Ces quatre derniers numéros sont destinés à servir avec les chambres noires nº 3407, page 34. Au moyen de ces objectifs, on peut faire les deux images simultanément et à l'écartement qu'on désire, mais ces images sont sur des glaces séparées. L'écartement s'obtient et se gradue au moyen de la planchette nº 3516, page 44.

---

(1) Il y a un moyen pour éviter la transposition : il consiste à faire le tirage des épreuves positives avec une chambre noire à deux objectifs nº 3411. Voyez, au bas de la page 34, la note à ce sujet.

ACCESSOIRES POUR OBJECTIFS.

ÉTUIS EN CUIR

AVEC BANDOULIÈRE.

		A. Pour objectifs à vues.	B. Pour objectifs à portraits.
3258	**Pour objectif** 1/6	8 »	10 »
3259	— 1/4	9 »	12 »
3260	— 1/2	10 »	14 »
3261	— de 81 **millimètres de diamètre**	13 »	18 »
3262	— 95 —	15 »	25 »
3263	— 108 —	18 »	30 »
3264	— 135 —	25 »	35 »
3265	— 162 —	35 »	45 »
3266	**Pour couple de 2 objectifs** 1/6 **jumeaux**	14 »	16 »
3267	— — 1/4 —	15 »	18 »

Voyez aussi les **boîtes à objectifs**, page 45.

ÉCROUS SUPPLÉMENTAIRES

(aussi nommés rondelles et embases)

POUR FIXER LES OBJECTIFS AUX CHAMBRES NOIRES.

3268	**Écrou pour objectif** 1/6	1 50
3269	— — 1/4	2 »
3270	— — 1/2	2 50
3271	— — de 81 millimètres	3 »
3272	— — 95 —	4 »
3273	— — 108 —	5 »
3274	— — 135 —	8 »
3275	— — 162 —	12 »
3276	**Écrou double** pour monter 2 objectifs 1/6 sur une chambre	4 »
3277	— — — 1/4 —	5 »

PIÈCES INTERMÉDIAIRES (ou de raccord)

POUR MONTER SUR LA MÊME CHAMBRE NOIRE DES OBJECTIFS DE DIAMÈTRES DIFFÉRENTS.

3278	**Pour visser un objectif** 1/6	sur un écrou de 1/4	2 »
3279	— — 1/4	— 1/2	2 50
3280	— — 1/2	— 81 millim	3 »
3281	— — de 81 millim.	— 95 —	4 »
3282	— — 95 —	— 108 —	5 »
3283	— — 108 —	— 135 —	8 »
3283 *bis*	— — 135 —	— 162 —	12 »

Le prix de ces pièces est déterminé par la dimension de l'objectif sur l'écrou duquel le nouvel objectif doit être monté.

APPAREILS COMPLETS.

Nous n'avons rien négligé pour rendre ces appareils des plus complets, on pourra s'en convaincre en jetant les yeux sur la nomenclature des objets dont ils se composent. Le tout est de premier choix. Nous avons préféré maintenir les prix, quelques-uns même ont dû subir une légère augmentation, afin de pouvoir fournir des instruments répondant à leur titre et à leur destination. Nous avons ajouté un pied à ceux pour lesquels nous n'en donnions pas précédemment, leur provision de produits chimiques est aussi plus abondante; en un mot, nous nous sommes efforcé de les rendre aussi parfaits que possible.

Sous le titre *Appareils de photographes ou complémentaires*, on trouvera, page 27 et suiv., des appareils moins complets que ceux-ci, dont les prix seront par cette raison moins élevés.

Tous ces appareils sont accompagnés d'un Traité de photographie en rapport. Nous donnons trois leçons aux personnes qui en font l'acquisition.

APPAREILS COMPLETS

POUR

PHOTOGRAPHIE SUR COLLODION (1)

(ÉPREUVES NÉGATIVES SUR GLACES COLLODIONNÉES, ÉPREUVES POSITIVES SUR PAPIER (2)).

Ces appareils sont composés des objets suivants; savoir :

Une chambre noire (3) ayant 1 châssis à glace dépolie (4), 2 châssis à épreuves, munis chacun de 1 porte-glaces pour dimension au-dessous (5), 6 glaces de la dimension de l'appareil et 6 de la dimension au-dessous (5) dans une boîte, les objectifs dans une boîte, 1 pinceau pour épousseter les glaces, 1 cuve verticale en gutta-percha avec socle en bois et crochet en gutta-percha, 2 cuvettes en porcelaine, 1 *idem* en gutta-percha, 1 vase à expérience et 1 vase à précipiter, pour verser l'acide pyrogallique et l'hyposulfite sur les glaces (6), 1 lampe à alcool en cristal, 1 mesure et 1 éprouvette cylindrique, divisées; 1 balance avec poids, 1 presse à glace; 1 entonnoir en verre dans 1 entonnoir en gutta-percha, 1 support à entonnoir pour filtrer; 100 feuilles de papier positif de la dimension des épreuves, 2 cahiers de papier buvard, du papier de soie et à filtrer, 1 pied pour la chambre noire.

Des produits chimiques en quantité suffisante pour faire 100 épreuves négatives sur glace et autant de positives sur papier, savoir : acide acétique cristallisable, acide azotique, acide chlorhydrique, acide pyrogallique et acide sulfurique, alcool, azotate d'argent cristallisé, bromure d'ammonium ou de cadmium, chlorure de sodium ou d'ammonium, chlorure d'or, collodion normal, collodion photographique, éther sulfurique, hyposulfite de soude, iodure d'ammonium ou de cadmium, protosulfate de fer; des flacons vides avec étiquettes vitrifiées pour les dissolutions: le tout renfermé dans une boîte à compartiments, avec serrure et poignées (*fig.* 7) (nous laissons le pied en dehors de la caisse pour ne pas augmenter le volume de celle-ci).

---

(1) Le collodion et les plaques métalliques, daguerréotype, sont les procédés aujourd'hui employés pour faire le portrait. (Voir pages 7, 8 et 9 pour plus de renseignements à cet égard).

(2) Ces appareils peuvent aussi servir pour faire des épreuves positives directes sur verre et transportées sur toile cirée, ainsi que des épreuves positives par reproduction et transport sur carte blanche. Ils peuvent également servir pour l'albumine si on leur ajoute deux pipettes n° 4725, une tournette n° 3551, une boîte à sécher les glaces, page 46.

(3) Ces chambres noires sont à un seul tirage et sans rallonge, à part les cinq derniers numéros; elles sont aussi à corps en bois, modèle que nous préférons. Pour les avoir à soufflet, voir page 40 l'augmentation sur laquelle on devra compter.

(4) Nous mettons à ces châssis des *glaces dépolies;* celles-ci sont de beaucoup supérieures aux verres dépolis, avec lesquels on n'est jamais certain de l'exactitude de la mise au point.

(5) Les cinq derniers numéros ont des glaces de trois dimensions, savoir : 6 de leur format, 6 dimension normale et 6 dimension 1/2, ainsi que les porte-glaces correspondants.

(6) Les vases à expériences sont ce qu'il y a de mieux et de plus simple pour développer à l'acide pyrogallique; ils seraient également bons pour le fixage, mais le vase à précipiter ayant une autre forme, on n'est pas exposé à les confondre.

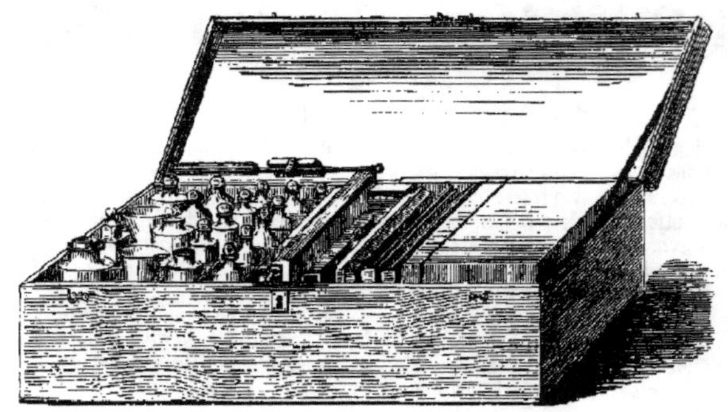

fig. 7.

APPAREILS COMPOSÉS COMME CI-DESSUS.

	DIMENSIONS des ÉPREUVES.	A. POUR VUES seulement.		B. POUR PORTRAITS seulement.		C. Pour VUES ET PORTRAITS de même grandeur.		D (1). POUR VUES du format de l'appareil ET PORTRAITS dim. normale seulem[t]	
		Avec 1 objectif à vues de	Prix.	Avec 1 objectif à portraits	Prix.	Avec 2 objectifs.	Prix.	Avec 2 objectifs.	Prix.
3284. .	De 1/4 (2). . . .	1/4	170 »	1/4	200 »	Objectif à vues comme col. A. Obj. à portraits comme col. B.	220 »	Objectif à vues comme col. A. Obj. à portraits de 81 millim.	(3)
3285. .	— 1/2 (2). . . .	1/2	225 »	1/2	275 »		305 »		(4)
3286. .	— **normale** (2).	81 mil.	320 »	81 mil.	430 »		500 »		(5)
3287. .	— 21 **sur** 27. . .	— —	400 »	95 —	630 »		700 »		600 »
3288. .	— 25 **sur** 32. . .	— —	530 »	108 —	960 »		1030 »		740 »
3289. .	— 27 **sur** 35. . .	95 —	640 »	108 —	1020 »		1140 »		855 »
3290. .	— 30 **sur** 40. . .	108 —	830 »	135 —	1450 »		1630 »		1050 »
3291. .	— 40 **sur** 50. . .	108 —	1030 »	162 —	2050 »		2230 »		1255 »

Ces appareils peuvent servir à opérer sur albumine, si on leur ajoute une boîte à rainures horizontales, page 46, une tournette, page 47, et deux pipettes en verre, page 94.

Pour les objets qu'on voudrait avoir séparément, consulter la suite du présent Catalogue et sa table alphabétique, page 3.

---

(1) Ces appareils sont destinés aux personnes dont le principal but est de faire des vues et qui, désirant néanmoins obtenir des portraits, consentent à les faire sur une plus petite dimension.

(2) Voyez page 56, à l'article *Glaces pour épreuves*, la grandeur exacte des dimensions 1/4, 1/2 et normale.

(3) Nous pouvons fournir des appareils pour vues 1/4 ayant en plus un objectif pour faire des portraits sur 1/6 seulement, le prix en est de 205 francs.

(4) Un appareil pour vues 1/2, ayant en plus un objectif pour portraits 1/4 seulement, coûterait 285 francs.

(5) Un appareil pour vues, dimension normale, ayant en outre un objectif pour portraits 1/2 seulement, coûterait 415 francs.

APPAREILS COMPLETS

POUR

PHOTOGRAPHIE SUR PAPIER[1]

(ÉPREUVES NÉGATIVES ET ÉPREUVES POSITIVES SUR PAPIER).

Ces appareils sont renfermés dans 2 boites, sauf le pied, que nous donnons également (2); mais que nous laissons en dehors, afin de ne pas augmenter le volume des boites.

La *première* contient les articles suivants, qui sont nécessaires pour obtenir les épreuves négatives (3), savoir : 1 objectif achromatique pour vues, dans sa boite, 1 chambre noire ayant 1 châssis à verre dépoli, et 2 châssis à double glace et à double feuillure, 1 carton disposé pour recevoir et conserver le papier sensibilisé, 1 carton pour recevoir et conserver le papier ciré et ioduré, 2 cuvettes en gutta-percha entrant l'une dans l'autre, 1 cuvette en porcelaine, 1 balance et ses poids, 1 triangle en verre pour immerger les feuilles, 1 éprouvette divisée, 2 cahiers de papier buvard, 1 flacon d'acide acétique cristallisable, 1 *idem* d'acide gallique, 1 *idem* d'azotate d'argent, 1 *idem* de bromure de potassium, 1 *idem* de noir d'ivoire, 2 flacons avec étiquettes vitrifiées pour l'acéto-azotate d'argent et l'eau distillée, 1 entonnoir en verre, 1 *idem* en gutta-percha et 1 support à filtrer.

Dans la *seconde boîte* sont renfermés les articles suivants, qui sont nécessaires aux opérations préliminaires du papier négatif (4), au fixage définitif des épreuves négatives, et au tirage des épreuves positives, savoir : 1 bassine en doublé d'argent pour cirer le papier négatif, 1 bassine en cuivre étamé pour le bain-marie, 1 support à vis calantes, 1 fer à repasser, 1 forte lampe à l'alcool, 1 cuvette en gutta-percha, 1 *idem* en porcelaine, 1 triangle en verre pour immerger les feuilles, 1 vase divisé, 1 entonnoir en verre entrant dans un autre en gutta-percha, 1 presse avec 2 glaces très-fortes, permettant de suivre les progrès des épreuves positives, tout en employant lesdeux glaces; papiers négatif, positif, buvard très-fort, papier de soie et à filtrer; des flacons vides, à étiquettes vitrifiées pour les dissolutions; les sels et substances chimiques, en quantité nécessaire pour obtenir environ 100 épreuves négatives et autant de positives, savoir : alcool, un second flacon d'azotate d'argent, chlorure de sodium, chlorure d'or, cire vierge, cyanure de potassium, hyposulfite de soude, iodure de potassium, sucre de lait.

APPAREILS COMPRENANT TOUS LES ARTICLES CI-DESSUS.	A. POUR VUES.		B. AYANT EN PLUS un objectif pour portraits (6).	
	Avec un objectif.	PRIX.	Dimension de l'objectif à portraits.	PRIX.
3292 **Pour épreuve** 1/2 (5)	1/2	250 »	1/2	330 »
3293 — **normale**	de 81 mill.	350 »	de 81 mill.	530 »
3294 — **de** 21 **sur** 27	— —	400 »	id.	580 »
3295 — **de** 25 **sur** 32	— —	520 »	id.	725 »
3296 — **de** 27 **sur** 35	de 95 —	650 »	id.	860 »
3297 — **de** 30 **sur** 40	de 108 —	830 »	id.	1045 »
3298 — **de** 40 **sur** 50	de 108 —	1000 »	id.	1320 »

Les appareils de la colonne A sont spécialement destinés à la prise des vues, surtout à celles

(1) Voyez, pages 7 8 et 9, la description et les applications des différents genres de photographie.

(2) Les quatre derniers numéros ont en outre un second pied à deux branches, n° 3514.

(3) C'est la seule dont on ait besoin en voyage, puisque, dans ce cas, on ne fait que des épreuves négatives (*clichés*).

(4) Le papier pouvant subir ces préparations une année avant d'être employé, il n'est pas nécessaire d'emporter cette seconde boîte en voyage.

(5) On ne fait pas d'*épreuves négatives* sur papier plus petites que *demie* ou *normale*. Voyez page 56, à l'article *Glaces*, les dimensions exactes des épreuves 1/2 et normale.

(6) Ces appareils, colonne B, n'ont pas d'objectifs à portraits plus grands que 81 millimètres (*pour normale*), le papier n'ayant pas une sensibilité suffisante pour permettre l'emploi d'objectifs de plus grande dimension.

qu'on fait en voyageant, car le papier est précieux sous ce rapport qu'on peut, sous un petit volume et avec un poids presque nul, en emporter un nombre de feuilles considérable.

Le papier ciré, qui est celui presque exclusivement employé pour les vues, présente cet avantage qu'il peut être conservé tout ioduré, c'est-à-dire *tout prêt à recevoir la dernière préparation*, pendant plus d'une année; il peut en outre subir cette dernière préparation plusieurs jours avant que d'être exposé à la chambre noire; on peut de même ne développer l'image que deux ou trois jours après qu'il a été impressionné. Le bagage se trouve ainsi réduit à la première boîte de l'appareil, celle qui est la moins volumineuse. On peut sans autre bagage faire un long voyage et en rapporter des centaines de clichés. Il suffit d'avoir une provision d'un petit volume de produits chimiques, et un nombre correspondant de feuilles de papier ciré ioduré. Nous avons toujours de ce papier tout prêt et préparé avec le plus grand soin.

Les appareils de la colonne B sont en tout semblables à ceux de la colonne A. Ils ont seulement en plus un objectif pour faire le portrait et leur chambre noire disposée de manière à le recevoir; ces appareils sont ceux qu'on devra choisir pour faire un voyage d'amateur, ainsi que pour les voyages artistiques ou scientifiques, car ce sont ceux dont le bagage est le moins volumineux. Les portraits qu'on obtiendra avec auront, il est vrai, moins de finesse que ceux dont les négatifs seraient faits sur glaces collodionnées; mais ils seront supérieurs à ces derniers sous le rapport de l'effet artistique. Ce genre d'épreuve est parfait pour la reproduction des types de races et pour les costumes.

Les portraits se font, bien entendu, *par la voie humide;* les objets dont on se sert pour ce procédé sont d'ailleurs les mêmes que ceux qu'on emploie pour opérer à sec, c'est-à-dire pour faire les vues.

APPAREILS COMPLETS

POUR PHOTOGRAPHIE SUR PLAQUÉ.

DAGUERRÉOTYPES (1).

Composés de 1 objectif double dans sa boîte; chambre noire ayant 1 châssis à glace dépolie et 2 à coulisse garnis de 2 porte-plaques de la dimension de l'appareil, et de 2 de chacune des dimensions au-dessous; boîte à rainures, avec 6 plaques au 30e de la dimension de l'appareil; 1 recourboir pour biseauter les plaques; 2 planchettes à polir, avec presse en fer; 2 polissoirs garnis en daim; boîte jumelle à coulisse, avec cuvettes en porcelaine pour l'iode et le bromure de chaux; boîte à mercure avec fond à coulisse et thermomètre; 2 lampes à l'alcool, une pour chlorurer, l'autre pour le mercure; 2 cuvettes en porcelaine; 1 support à chlorurer, à vis calantes (fig. 73); pinces plates; produits chimiques dans des flacons bouchés à l'émeri, le mercure dans un flacon en buis, et les poudres à polir dans des flacons col droit: le tout dans une boîte à compartiments, avec 2 poignées et serrure (2), plus 1 pied à six branches à rotule que nous donnons aussi, mais que nous laissons en dehors pour ne pas trop augmenter le volume des boîtes.

3299	**Pour plaques**	1/6	avec un objectif à	portraits 1/6.	195	»
3300	—	1/4	—	— 1/4.	210	»
3301	—	1/2	—	— 1/2.	320	»
3302	—	normale	—	— de 81 millimètres.	480	»

Les dimensions exactes des plaques sont indiquées page 57.

Ces appareils peuvent servir à faire des *portraits stéréoscopiques*, si on leur ajoute les objets indiqués page 23, n° 3321 ou 3322.

Voyez page 13 les *glaces parallèles* pour redresser les images.

---

(1) Nous entendons par daguerréotypes les appareils destinés à faire des épreuves sur des plaques de doublé d'argent. C'est par ce procédé qu'on fait les meilleurs *portraits stéréoscopiques*. Il présente une sûreté et une rapidité d'exécution opératoire sans égales. (Voir pages 7, 8 et 9 les différents genres de photographie.)

(2) Pour les objets qu'on voudrait se procurer séparément, consulter la suite du présent Catalogue et la table alphabétique, page 3.

APPAREILS COMPLETS

POUR PHOTOGRAPHIE

SUR COLLODION[1] ET SUR PAPIER[2],

Ces appareils comprennent (sans double emploi) tous les objets des appareils pour collodion et des appareils pour papier, dont le détail se trouve page 17 pour le collodion, et page 19 pour le papier. Le tout renfermé dans 2 ou 3 caisses, suivant la dimension de l'appareil (le pied reste toujours en dehors à cause de son volume) (3).

	A. Pour vues seulement.		B. Pour vues et portraits de même dimension.			C. Pour vues du format de l'appareil et portraits seulement de dimension normale.		
	Diamètre de l'objectif.	PRIX.	Diamètre de l'objectif à vues.	Diamètre de l'objectif à portraits.	PRIX.	Diamètre de l'objectif à vues.	Diamètre de l'objectif à portraits.	PRIX.
3303 **Pour** 1/2 (4).	1/2	345	1/2	1/2	425			
3304 — **normale**.	81 mill.	490	81 mill.	81 mill.	670	81 mill.	81 mill.	670
3305 — **21 sur** 27.	81 —	580	81 —	95 —	880	81 —	81 —	785
3306 — **25 sur 32**.	81 —	780	81 —	108 —	1,280	81 —	81 —	990
3307 — **27 sur** 35.	95 —	950	95 —	108 —	1,450	95 —	81 —	1,160
3308 — **30 sur** 40.	108 —	1,200	108 —	135 —	2,000	108 —	81 —	1,410
3309 — **40 sur** 50.	108 —	1,520	108 —	162 —	2,720	108 —	81 —	1,740

APPAREILS COMPLETS

POUR PHOTOGRAPHIE

SUR COLLODION[1] ET SUR PLAQUÉ[2].

Ces appareils comprennent (sans double emploi) tous les articles des appareils pour collodion et ceux des appareils pour plaques, pages 17 et 20 (3).

	A. Avec 1 objectif pour portraits.	B. Avec 1 objectif pour portraits et 1 pour vues.
3310 **Appareil dimension** 1/4 (4).	330	350
3311 — 1/2 —	475	505
3312 — **normale** (4).	685	755

---

(1) Ces appareils peuvent également servir pour l'albumine, si on leur ajoute une boîte à rainures horizontales, p. 46; une tournette n° 3551, et deux pipettes en verre, n° 4725, page 94.

(2) Voyez pages 7, 8 et 9 la description de ces deux genres de photographie.

(3) Pour les objets qu'on voudrait avoir séparément, consulter la suite du présent Catalogue et sa table alphabétique, page 3.

(4) Voyez, page 56, les dimensions exactes des glaces, et page 57, celles des plaques 1/4, 1/2 et normale.

APPAREILS COMPLETS

POUR PHOTOGRAPHIE

SUR PAPIER ET SUR PLAQUÉ (1).

Ces appareils sont composés (sans double emploi) de tous les articles des appareils spéciaux pour papier, et de ceux pour plaqué, pages 19 et 20 (2). Ils sont munis d'un objectif à vues et d'un objectif à portraits.

3313	**Pour dimension** 1/2 (3)	530 »
3314	— **normale** (3)	785 »

APPAREILS COMPLETS

POUR PHOTOGRAPHIE

SUR COLLODION, PAPIER ET PLAQUÉ (1).

Ces appareils se composent (sans double emploi) de tous les articles des appareils spéciaux pour photographie sur collodion, de ceux pour papier et de ceux pour plaqué (*voyez* pages 17, 19 et 20). Ils sont munis d'un objectif pour portraits et d'un objectif pour vues (2).

3315	**Pour dimension** 1/2 (3)	690 »
3316	— **normale** (3).	930 »

(1) Voyez la description des différents genres de photographie, pages 7, 8 et 9.

(2) Pour les objets qu'on voudrait se procurer séparément, voir la suite du présent Catalogue et sa table alphabétique, page 3.

(3) Voyez page 56 les dimensions exactes des glaces, et page 57 celles des plaques 1/2 et normale.

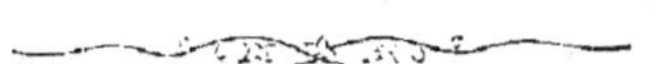

ADDITIONS

QU'IL FAUT FAIRE AUX APPAREILS PRÉCÉDENTS

POUR OBTENIR DES ÉPREUVES STÉRÉOSCOPIQUES.

POUR APPAREIL DE DIMENSION 1/6, 1/4 OU AU-DESSUS DE CELLE NORMALE.

3317 **Pour collodion.**

2 châssis mobiles, n° 3396	18	»
1 planchette, n° 3398	2	»
12 glaces stéréoscopiques	7	20
1 boîte à glaces, en noyer	2	50
1 cuve verticale en gutta-percha	5	»
1 socle en bois pour ladite	1	75
1 crochet en gutta-percha pour ladite	»	75
2 cuvettes en porcelaine (1)	5	50
1 — en gutta-percha (1)	2	50
1 presse à glace (2)	9	»
1 planchette longue, n° 3516	7	»
Total	61	20

3319 **Pour collodion et albumine.**

Les objets ci-dessus	61	20
2 pipettes en verre	»	80
1 tournette pour albumine	10	»
1 boîte à rainures horizontales	9	»
Total	81	»

3321 **Pour plaqué.**

2 châssis mobiles, n° 3396	18	»
1 planchette, n° 3398	2	»
12 plaques stéréoscopiques au 30e	16	80
1 boîte à plaques, en noyer	2	50
1 planchette à polir, presse en fer	4	»
1 boîte à bromer et ioder (3)	35	»
1 — à mercurer (3)	15	»
2 cuvettes en porcelaine (1)	5	50
1 support à chlorurer	9	»
1 planchette longue, n° 3516	7	»
Total	114	80

3323 **Pour collodion, albumine et plaqué.**

Les objets n° 3319	81	»
2 châssis mobiles pour plaques	12	»
12 plaques stéréoscopiques au 30e	16	80
1 boîte à plaques, en noyer	2	50
1 planchette à polir, presse en fer	4	»
1 boîte à bromer et ioder	35	»
1 — à mercurer	15	»
1 support à chlorurer	9	»
Total	175	30

POUR APPAREIL DE DIMENSION 1/2 OU NORMALE.

3318 **Pour collodion.**

2 châssis comme ci-contre	18	»
1 planchette —	2	»
12 glaces stéréoscopiques	7	20
1 boîte à glaces, en noyer	2	50
1 planchette longue, n° 3516	7	»
Total	36	70

3320 **Pour collodion et albumine.**

Les objets ci-dessus	36	70
2 pipettes en verre	»	80
1 tournette pour albuminer	10	»
1 boîte à rainures horizontales	9	»
Total	56	50

3322 **Pour plaqué.**

2 châssis mobiles comme ci-contre	18	»
1 planchette, —	2	»
12 plaques stéréoscopiques	16	80
1 boîte à plaques, en noyer	2	50
1 planchette à polir, presse en fer	4	»
1 cadre à ioder et bromer (4)	1	50
1 — à mercurer (4)	1	50
1 planchette longue, n° 3516	7	»
Total	53	30

3324 **Pour collodion, albumine et plaqué.**

Les objets du n° 3320	56	55
2 châssis mobiles pour plaques	12	»
12 plaques stéréoscopiques au 30e	16	80
1 boîte à plaques, en noyer	2	50
1 planchette à polir, presse en fer	4	»
1 cadre à ioder et bromer (4)	1	50
1 — à mercurer (4)	1	50
Total	94	85

Les numéros indiqués dans ce tableau supposent qu'on possède déjà, ou qu'on se procure en

(1) Les cuvettes 1/4 ne sont pas assez longues pour recevoir des épreuves stéréoscopiques doubles; celles plus grandes que la dimension normale demanderaient une trop grande quantité de liquide.

(2) Les presses à glace 1/4 ne sont pas assez longues; celles plus grandes que normales ne sont pas d'un bon usage.

(3) Les boîtes à ioder et bromer 1/4 et celles à mercurer ne sont pas assez grandes pour recevoir des plaques stéréoscopiques.

(4) Il est indispensable que nous sachions si l'appareil auquel on destine ces cadres est 1/2 ou bien normal.

même temps un appareil complet, permettant de faire des épreuves simples par le procédé qu'on se propose d'employer pour faire les épreuves stéréoscopiques; sinon les objets dont ils se composent ne suffiraient pas; on devrait prendre l'un des appareils, page 25 et suivantes.

Nous ferons aussi remarquer que les épreuves stéréoscopiques ont une dimension uniforme, que nous indiquons page 56, à l'article *Glaces*, et page 57, à l'article *Plaques*, et qui reste la même, quel que soit l'instrument à l'aide duquel on les obtienne.

Les objets indiqués, sous divers numéros, dans la page précédente, permettent bien de faire les deux images sur la même plaque, mais seulement *successivement;* si l'on veut faire les deux images simultanément, on devra prendre l'un des numéros 3401 à 3404, page 33, ou bien l'un des numéros 3407 à 3410, A ou B, page 34, avec les trois derniers, colonne A. On pourra se dispenser des objets du tableau ci-dessus; mais il sera nécessaire de se procurer deux cuvettes pour le bain d'azotate d'argent.

Les objets indiqués dans le tableau qui précède ne comprennent pas de boîte pour les contenir; si on en désire, on devra en faire la commande expresse et compter sur une augmentation de 10 à 20 francs.

Voyez, page 25 et suivantes, les appareils complets spéciaux pour faire les épreuves stéréoscopiques.

Les personnes qui veulent faire des épreuves stéréoscopiques trouveront des renseignements très-utiles dans la brochure de M. Claudet : *Du Stéréoscope et de ses applications à la photographie*.

APPAREILS COMPLETS

POUR ÉPREUVES STÉRÉOSCOPIQUES

SUR COLLODION ET SUR ALBUMINE (1)

(NÉGATIVES SUR GLACES ET POSITIVES SUR PAPIER ET SUR VERRE).

Ces appareils, qui ne sont destinés qu'à faire des épreuves stéréoscopiques et des épreuves 1/4 ou 1/6 (2), se composent des objets suivants, savoir : 1 ou 2 chambres noires, munies chacune d'un châssis à verre dépoli et de deux châssis à épreuves, d'un ou plusieurs objectifs dans leur boîte, 12 glaces stéréoscopiques dans une boîte, 12 glaces 1/4 ou 1/6 dans leur boîte, 1 pinceau pour épousseter les glaces, 1 ou 2 cuves verticales en gutta-percha, avec socles en bois et crochets en gutta-percha, 2 cuvettes porcelaine, 1 cuvette en gutta-percha, 1 crochet argent, 1 vase divisé, 1 éprouvette divisée, 1 vase à expériences et 1 vase à précipiter, pour verser l'acide pyrogallique et l'hyposulfite sur les glaces, 1 lampe à alcool en cristal, 2 pipettes, 1 boîte à rainures horizontales pour sécher les glaces albuminées, 1 tournette pour étendre l'albumine, 1 balance avec poids, 1 presse à glace, 1 entonnoir en verre, 1 entonnoir en gutta-percha, 1 support à filtrer. Papiers positif, buvard, de soie et à filtrer. Produits chimiques en quantité suffisante pour faire 100 épreuves négatives et autant de positives sur papier et de positives sur verre, savoir : acide acétique cristallisable, acide azotique, acide chlorhydrique, acide gallique, acide pyrogallique, acide sulfurique, alcool, azotate d'argent cristallisé, bromure d'ammonium, carbonate de potasse, chlorure de sodium, chlorure d'or, collodion normal, collodion photographique, éther sulfurique, hyposulfite de soude, iode en grains, iodure d'ammonium, iodure de potassium, protosulfate de fer; des flacons vides avec étiquettes vitrifiées pour les dissolutions : le tout renfermé dans une boîte à compartiments, serrure et poignées. Plus, un pied que nous donnons également, mais que nous laissons en dehors pour ne pas augmenter le volume des boîtes.

AVEC UNE SEULE CHAMBRE NOIRE

AYANT DEUX CHASSIS MOBILES ET DEUX CHASSIS POUR GLACES 1/4 ET 1/6.

	A. Objectifs 1/6.	B. Objectifs 1/4.
3325 **Avec 1 objectif** pour vues	270	275
3326 — pour portraits	285	305
3327 **Avec 1 objectif** pour vues et 1 objectif pour portraits . . .	300	325

AVEC UNE CHAMBRE NOIRE A OBJECTIFS JUMEAUX.

	A. Objectifs 1/6.	B. Objectifs 1/4.
3328 **Avec 1 couple d'objectifs** pour vues	295	305
3329 — pour portraits	310	380
3330 **Avec objectifs** pour vues et objectifs pour portraits. . . .	385	435

AVEC DEUX CHAMBRES NOIRES

AYANT CHACUNE DEUX CHASSIS MOBILES ET DEUX CHASSIS ORDINAIRES 1/4.

	A. Objectifs 1/6.	B. Objectifs 1/4.
3331 **Avec 2 objectifs** pour vues	330	340
3332 — pour portraits	360	400
3333 **Avec 2 objectifs** pour vues et 2 objectifs pour portraits . .	390	440

(1) Voyez pages 7, 8 et 9, les usages de ces deux genres de photographie.
(2) Les numéros 3325, 3326, 3327, 3331, 3332 et 3333, colonne B, permettent de faire des épreuves 1/4 et 1/6 simples; les autres numéros et tous ceux de la colonne A ne peuvent donner que des épreuves 1/6.

APPAREILS COMPLETS

POUR ÉPREUVES STÉRÉOSCOPIQUES

SUR PLAQUÉ (1).

Ces appareils, ainsi que les précédents, ne sont destinés qu'à faire des épreuves stéréoscopiques et des épreuves 1/4 ou 1/6 (2). Ils se composent des objets suivants, savoir : 1 ou 2 objectifs, 1 ou 2 chambres noires ayant chacune 2 châssis munis de porte-plaques, 6 plaques au 30e de chaque dimension, avec boites, 1 recourboir pour bis-auter les plaques, 2 planchettes à polir avec deux presses en fer, 2 polissoirs garnis en daim, 1 boite jumelle à coulisse, avec cuvettes pour l'iode et le bromure de chaux; boite à mercurer, avec fond à coulisse et thermomètre; 2 lampes à alcool, une pour chlorurer, l'autre pour le mercure, 2 cuvettes en porcelaine, 1 support à chlorurer à vis calantes (fig. 73), 1 paire de pinces plates; produits chimiques dans des flacons bouchés à l'émeri, le mercure dans un flacon en buis, et les poudres à polir dans des flacons col droit; le tout dans une boite à poignées et à serrure; plus un pied, que nous donnons également, mais que nous laissons en dehors pour ne pas augmenter le volume de la boite.

AVEC UNE SEULE CHAMBRE NOIRE

AYANT DEUX CHASSIS MOBILES ET DEUX CHASSIS POUR PLAQUES 1/4 ET 1/6.

	A. Objectifs 1/6.	B. Objectifs 1/4.
3334 **Avec 1 objectif** pour vues	240	245
3335 — pour portraits	255	280
3336 **Avec 1 objectif** pour vues et 1 objectif pour portraits. . .	270	300

AVEC UNE CHAMBRE NOIRE A OBJECTIFS JUMEAUX (3).

	A. Objectifs 1/6.	B. Objectifs 1/4.
3337 **Avec 1 couple d'objectifs** pour vues	255	265
3338 — pour portraits.	300	330
3339 **Avec 1 couple d'objectifs** pour vues et 1 couple d'objectifs pour portraits.	345	395

AVEC DEUX CHAMBRES NOIRES

AYANT CHACUNE DEUX CHASSIS MOBILES ET DEUX CHASSIS ORDINAIRES.

	A. Objectifs 1/6.	B. Objectifs 1/4.
3340 **Avec 2 objectifs** pour vues	310	320
3341 — pour portraits.	340	330
3342 **Avec 2 objectifs** pour vues et 2 objectifs pour portraits . .	370	420

(1) Voyez page 7, 8 et 9, les usages des différents genres de photographie.

(2) Les numéros 3334, 3335, 3336, 3340, 3341 et 3342, colonne B, permettent de faire des épreuves 1/4 et 1/6 simples; les autres numéros B et tous ceux de la colonne A ne peuvent donner que des épreuves 1/6.

(3) Voyez page 33, n° 3401 et suivants.

APPAREILS COMPLETS

POUR ÉPREUVES STÉRÉOSCOPIQUES

SUR COLLODION, ALBUMINE ET PLAQUÉ (1),

COMPRENANT SANS DOUBLE EMPLOI TOUS LES OBJETS DES APPAREILS POUR COLLODION ET ALBUMINE, PAGE 25, ET CEUX DES APPAREILS POUR PLAQUÉ, PAGE 26.

AVEC UNE SEULE CHAMBRE NOIRE

AYANT DEUX CHASSIS MOBILES ET DEUX CHASSIS ORDINAIRES POUR GLACES ET AUTANT POUR PLAQUES.

	A. Objectifs 1/6.	B. Objectifs 1/4.
3343 **Avec 1 objectif** pour vues	450	465
3344 — pour portraits	465	495
3345 **Avec 1 objectif** pour vues et 1 objectif pour portraits	485	510

AVEC UNE CHAMBRE NOIRE A OBJECTIFS JUMEAUX (2).

	A. Objectifs 1/6.	B. Objectifs 1/4.
3346 **Avec 1 couple d'objectifs** pour vues	460	470
3347 — pour portraits	505	548
3348 **Avec objectifs** pour vues et objectifs pour portraits	550	600

AVEC DEUX CHAMBRES NOIRES

AYANT CHACUNE DEUX CHASSIS MOBILES ET DEUX CHASSIS ORDINAIRES POUR GLACES ET AUTANT POUR PLAQUES.

	A. Objectifs 1/6.	B. Objectifs 1/4.
3349 **Avec 2 objectifs** pour vues	555	565
3350 — pour portraits	585	625
3351 **Avec 2 objectifs** pour vues et 2 objectifs pour portraits	625	665

APPAREILS DE PHOTOGRAPHES

OU COMPLÉMENTAIRES.

Ils sont destinés aux personnes qui, possédant déjà un appareil photographique, désirent avoir ce qui est nécessaire pour opérer sur une dimension différente, et aussi aux personnes qui préfèrent une autre composition que celle de nos appareils complets.

(1) Voyez page 7, 8 et 9, les usages de ces divers procédés.

(2) Voyez page 33, n° 3401 et suivants.

APPAREILS DE PHOTOGRAPHES OU COMPLÉMENTAIRES (1)

POUR COLLODION.

Contenant les articles suivants, savoir : 1 objectif avec boîte, 1 chambre noire, comme page 17 ; 2 boîtes à glaces, 1 cuve verticale en gutta-percha, avec socle en bois et crochet en gutta-percha, 2 cuvettes en porcelaine, 2 cuvettes en gutta-percha, 1 pied, comme les appareils de la page 17, 1 presse à glace ; le tout, moins le pied, renfermé dans une boîte à serrure et poignées.

	DIMENSIONS des ÉPREUVES.	A. POUR VUES.		B. POUR PORTRAITS.		C. Pour VUES ET PORTRAITS.		D. POUR VUES du format de l'appareil ET PORTRAITS dim. normale seulem[1]	
		Avec 1 objectif à vues.	PRIX.	Avec 1 objectif à portraits	PRIX.	Avec 2 objectifs.	PRIX.	Avec 2 objectifs.	PRIX.
3352.	De 1/4.	1/4	110 »	1/4	130 »	*Objectif à vues* comme col. A. *Obj. à portraits* comme col B.	160 »	*Objectif à vues* comme col. A. *Obj. à portraits* de 81 millim.	»
3353.	— 1/2.	1/2	145 »	1/2	195 »		225 »		»
3354.	— normale. . .	81 mil.	210 »	81 mil.	320 »		390 »		»
3355.	— 21 sur 27. . .	—	— 250 »	95 —	480 »		550 »		455 »
3356.	— 25 sur 32 . .	—	— 310 »	108 —	740 »		840 »		520 »
3357.	— 27 sur 35. . .	95 —	440 »	108 —	790 »		910 »		625 »
3358.	— 30 sur 40. . .	108 —	530 »	135 —	1150 »		1330 »		750 »
3359.	— 40 sur 50. . .	108 —	620 »	162 —	1610 »		1820 »		845 »

APPAREILS DE PHOTOGRAPHES OU COMPLÉMENTAIRES (1)

POUR PAPIER.

Comprenant les articles suivants : 1 objectif avec boîte, 1 chambre noire avec 2 châssis à double glace, 2 cuvettes en gutta-percha, 2 cuvettes en porcelaine, 1 carton pour le papier ioduré, 1 carton pour le papier prêt à servir, 1 presse à double glace, 1 pied comme les appareils de la page 19, 1 boîte contenant les produits chimiques nécessaires pour faire une centaine d'épreuves négatives, savoir : acide acétique cristallisable, acide gallique, azotate d'argent cristallisé, bromure de potassium, noir d'ivoire, 2 flacons avec étiquettes vitrifiées pour l'acéto-azotate d'argent et l'eau distillée, plus 1 balance de poche, 1 éprouvette divisée, 1 entonnoir en gutta-percha et un en verre, 1 support à filtrer, 1 triangle en verre; *le tout*, moins le pied, *renfermé dans une caisse à serrure et poignées*.

		A. POUR VUES.		B. AYANT EN PLUS un objectif pour portraits.	
		Avec un objectif.	PRIX.	Diamètre de l'objectif à portraits.	PRIX.
3360	**Pour épreuves** 1/2.	1/2	170 »	1/2	250 »
3361	— **normale**.	de 81 mill.	245 »	81 millim.	425 »
3362	— **de 21 sur 27**. . .	de 81 —	280 »	—	480 »
3363	— **de 25 sur 32**. . .	de 81 —	355 »	—	560 »
3364	— **de 27 sur 35**. . .	de 95 —	465 »	—	675 »
3365	— **de 30 sur 40**. . .	de 108 —	600 »	—	815 »
3366	— **de 40 sur 50**. . .	de 108 —	685 »	—	905 »

(1) Voyez au bas de la page précédente le but de ces appareils.

APPAREILS DE PHOTOGRAPHES OU COMPLÉMENTAIRES

POUR COLLODION ET PAPIER.

Comprenant, sans double emploi, les objets des appareils pour collodion, page 28, et ceux des appareils pour papier, même page; leur chambre noire est munie de deux châssis pour glaces et de deux châssis pour papier.

	A. Pour vues seulement.		B. Pour vues et portraits de même dimension.			C. Pour vues du format de l'appareil et portraits seulement de dimension normale.		
	Diamètre de l'objectif.	PRIX.	Diamètre de l'objectif à vues.	Diamètre de l'objectif à portraits.	PRIX.	Diamètre de l'objectif à vues.	Diamètre de l'objectif à portraits.	PRIX.
3367 **Pour** 1/2. . . .	1/2	215	1/2	1/2	295	»	»	»
3368 — **normale** .	81 mill.	300	81 mill.	81 mill.	480	81 mill.	81 mill.	»
3369 — 21 **sur** 27.	81 —	360	81 —	95 —	660	81 —	81 —	560
3370 — 25 **sur** 32.	81 —	450	81 —	108 —	950	81 —	81 —	655
3371 — 27 **sur** 35.	95 —	580	95 —	108 —	1080	95 —	81 —	790
3372 — 30 **sur** 40.	108 —	730	108 —	135 —	1530	108 —	81 —	950
3373 — 40 **sur** 50.	108 —	870	108 —	162 —	2070	108 —	81 —	1090

Voyez aussi les appareils complets, page 17 et suivantes.

PHARMACIES.

PHARMACIES POUR COLLODION ET ALBUMINE

CONTENANT LES PRODUITS CHIMIQUES SUIVANTS

(dans des flacons bouchés à l'émeri, avec étiquettes gravées).

Grammes.
250 Acide acétique cristallisable.
250 — azotique.
250 — chlorhydrique.
50 — gallique.
25 — pyrogallique.
250 — sulfurique.
250 Alcool à 40°.
250 Ammoniaque pure.
150 Azotate d'argent cristallisé.
5 Bromure d'ammonium.
5 — de cadmium.
5 — de potassium.
5 Cadmium laminé.
250 Chlorure d'ammonium.
2 — d'or.
250 — de sodium.

Grammes.
500 Collodion normal épais.
100 — photographique.
50 Cyanure de potassium.
250 Dextrine.
500 Ether à 62°.
1000 Hyposulfite de soude.
15 Iodure d'ammonium.
15 — de cadmium.
15 — de potassium.
15 — de zinc.
250 Kaolin.
500 Protosulfate de fer.
100 Teinture de tournesol.
100 Vernis pour négatives.
100 — pour positives directes.
100 — — sur papier.

Le tout renfermé dans une boîte à compartiments avec serrure et poignées.

3374 **Pharmacie** contenant les quantités indiquées ci-dessus. . . . . 137 »
3375 — contenant des quantités doubles . . . . 225 »
3376 — contenant des quantités quadruples de celles indiquées . . . 365 »

PHARMACIES CONTENANT EN OUTRE :

2 Agitateurs.
1 Entonnoir en gutta-percha.
1 — en verre.
1 Eprouvette divisée.
1 Lampe à l'alcool.
1 Mortier en porcelaine.
1 Pissette en verre.
1 Support à filtrer.
1 Trébuchet à colonne n° 3862 à 3864.
2 Triangles en verre.
1 Vase divisé.
1 Vase à expériences.
1 — à précipiter.
1 Paquet de filtres.
14 Flacons vides avec étiquettes vitrifiées (1) pour les dissolutions.

		A. Flacons de 1/2 litre pour les dissolutions.	B. Flacons de 1 litre pour les dissolutions.
3377	**Avec produits chimiques** comme le n° 3374. . .	235 »	250 »
3378	— comme le n° 3375. . .	325 »	340 »
3379	— comme le n° 3376. . .	465 »	480 »

PHARMACIES POUR PAPIER

CONTENANT LES PRODUITS CHIMIQUES SUIVANTS

(dans des flacons bouchés à l'émeri, avec étiquettes gravées).

Grammes.
250 Acide acétique cristallisable.
50 — gallique.
250 Alcool.
100 Azotate d'argent cristallisé.
100 Bromure de potassium.
250 Chlorure d'ammonium.
2 — d'or.
250 — de sodium.
250 Cire vierge (sans flacon).

Grammes.
50 Cyanure de potassium.
250 Dextrine.
5 Fluorure de potassium.
50 Iodure de potassium.
250 Kaolin.
250 Noir d'ivoire.
250 Sucre de lait.
100 Vernis encaustique.
1000 Hyposulfite.

Le tout renfermé dans une boîte à compartiments avec serrure et poignées.

3380 **Pharmacie** contenant les quantités indiquées ci-dessus. . . . . 100 »
3381 — contenant des quantités doubles . . . . 160 »
3382 — contenant des quantités quadruples de celles indiquées . . . 270 »

PHARMACIES CONTENANT EN OUTRE :

2 Agitateurs.
1 Entonnoir en gutta-percha.
1 — en verre.
1 Éprouvette divisée.
1 Lampe à alcool.
1 Mortier en porcelaine.
1 Pissette en verre.
1 Support à filtrer.
1 Trébuchet à colonne n° 3862 à 3864.
2 Triangles en verre.
1 Vase divisé.
1 Paquet de filtres.
9 Flacons avec étiquettes vitrifiées (2) pour les dissolutions.

		A. Flacons de 1/2 litre pour les dissolutions.	B. Flacons de 1 litre pour les dissolutions.
3383	**Avec produits chimiques** comme le n° 3380. . .	175 »	185 »
3384	— comme le n° 3381. . .	235 »	265 »
3385	— comme le n° 3382. . .	345 »	355 »

(1) Ces étiquettes sont : Bain d'azotate d'argent, acide pyrogallique, azotate d'argent pour développer, hyposulfite négatif, chlorure d'ammonium, chlorure de sodium, azotate d'argent positif, hyposulfite positif, chlorure d'or, eau distillée, acide gallique, liqueur photogénique, protosulfate de fer; mais nous pourrions les remplacer par d'autres, sur demande.

(2) Ces étiquettes sont : Bain d'iodure, acéto-azotate d'argent, eau distillée, hyposulfite négatif, chlorure d'ammonium, chlorure de sodium, azotate d'argent positif, hyposulfite positif, chlorure d'or; nous pourrions les remplacer par d'autres, sur demande.

PHARMACIES POUR COLLODION, ALBUMINE ET PAPIER

CONTENANT LES PRODUITS CHIMIQUES SUIVANTS

(*dans des flacons bouchés à l'émeri, avec étiquettes gravées*).

Grammes.
500 Acide acétique cristallisable.
250 — azotique.
250 — chlorhydrique.
100 — gallique.
25 — pyrogallique.
250 — sulfurique.
250 Alcool à 40°.
250 Ammoniaque pure.
250 Azotate d'argent cristallisé.
5 Bromure d'ammonium.
5 — de cadmium.
100 — de potassium.
5 Cadmium laminé.
250 Chlorure d'ammonium.
4 — d'or.
250 — de sodium.
250 Cire vierge (sans flacon).

Grammes.
500 Collodion normal épais.
100 — photographique.
50 Cyanure de potassium.
250 Dextrine.
500 Ether à 62°.
2000 Hyposulfite de soude.
15 Iodure d'ammonium.
15 — de cadmium.
50 — de potassium.
250 Kaolin.
250 Noir d'ivoire.
500 Protosulfate de fer.
250 Sucre de lait.
100 Teinture de tournesol.
100 Vernis pour négatives sur verre.
100 — pour positives directes.
100 — — sur papier.

Le tout renfermé dans une boite à compartiments avec serrure et poignées.

3386 **Pharmacie** contenant les quantités indiquées ci-dessus. . . . . . . 200 »
3387 — contenant des quantités doubles . . . . 340 »
3388 — contenant des quantités quadruples . . . . 600 »

PHARMACIES CONTENANT EN OUTRE :

2 Agitateurs.
1 Entonnoir en gutta-percha.
1 — en verre.
1 Éprouvette divisée.
1 Lampe à alcool.
1 Mortier en porcelaine.
1 Pissette en verre.
1 Support à filtrer.

1 Trébuchet à colonne n° 3862 à 3864.
2 Triangles en verre.
1 Vase divisé.
1 Vase à expériences.
1 — à précipiter.
1 Paquet de filtres.
16 Flacons avec étiquettes vitrifiées (1) pour les dissolutions.

	A. Flacons de 1/2 litre pour les dissolutions.	B. Flacons de 1 litre pour les dissolutions
3389 **Avec produits chimiques** comme le n° 3386. . .	300 »	315 »
3390 — comme le n° 3387. . .	440 »	455 »
3391 — comme le n° 3388. . .	700 »	750 »

(1) Ces étiquettes sont : Bain d'iodure, bain d'azotate d'argent, acéto-azotate d'argent, eau distillée, acide pyrogallique, acide gallique, azotate d'argent pour développer, hyposulfite négatif, chlorure d'ammonium, chlorure de sodium, azotate d'argent positif, hyposulfite positif, chlorure d'or, protosulfate de fer, liqueur photogénique; nous pourrions, sur demande, les remplacer par d'autres.

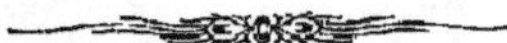

CHAMBRES NOIRES STÉRÉOSCOPIQUES.

CHAMBRES NOIRES STÉRÉOSCOPIQUES (*fig.* 8)

POUR FAIRE LES DEUX IMAGES *successivement* SUR LA MÊME PLAQUE AU MOYEN DE CHASSIS MOBILES.

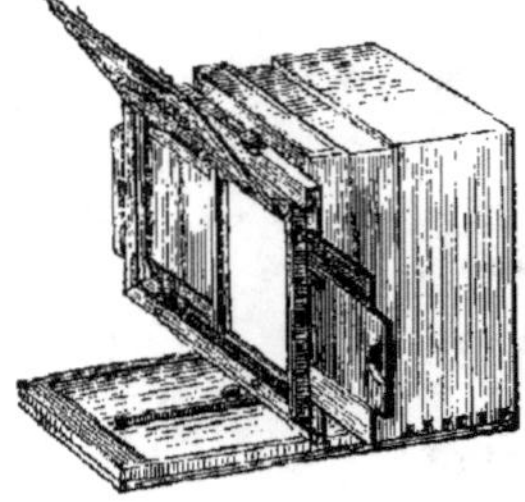

(*fig.* 8.)

	A. Avec 2 châssis mobiles (1).		B. Avec 2 châssis mobiles et 2 châssis pr 1/4 et 1/6 (1).	
3392 **Sans objectif.**	28 francs.		42 francs.	
	Dimension des objectifs.		Dimension des objectifs.	
	C. 1/6.	D. 1/4.	E. 1/6.	F. 1/4.
3393 **Avec 1 objectif pour vues** (2). . . .	43 »	48 »	57 »	62 »
3394 — **pour portraits.** . . .	58 »	78 »	72 »	92 »
3395 **Avec 1 objectif pour vues** (2) et 1 **objectif pour portraits**	73 »	98 »	87 »	112 »

Les châssis de ces chambres noires peuvent être faits, soit pour glaces, soit pour plaques de doublé; mais nous ne les faisons pour plaques que sur demande expresse. Les personnes qui voudraient en avoir un plus grand nombre ou qui voudraient en avoir pour l'un et pour l'autre procédé trouveront les prix plus bas, n° 3396, pour les châssis mobiles, et page 41, n° 3471, pour les châssis ordinaires.

3396 **Châssis mobiles** supplémentaires (*fig.* 9) (1) . . . . la pièce. 6 »

3397 **Deux châssis mobiles** (1), un châssis à verre dépoli et une planchette à coulisseaux pour les recevoir (*fig.* 9 et 10). . . . . 18 »

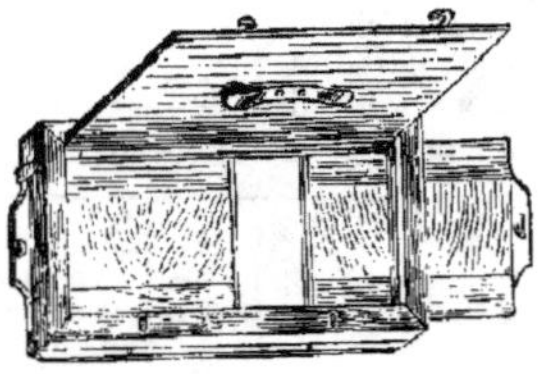

fig. 9.

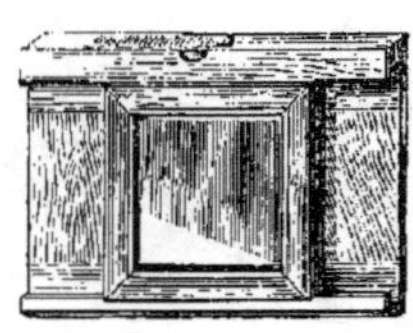

fig. 10.

3398 **Faux châssis** (3) pour adapter les planchettes à coulisseaux aux chambres noires 1/4 . . . . 2 50

3399 — pour le même usage, pour chambre noire 1/2. . . . . 3 »

3400 — — — — normale . . . 4 »

Châssis 1/4 supplémentaire. *Voyez* page 41, n° 3471.

(1) Indiquer si on désire opérer sur plaques ou sur glaces, ces châssis devant être faits pour l'un ou l'autre procédé; dans le cas où l'on ne nous donnerait pas de renseignements à cet égard, nous les ferions pour glaces.

(2) L'addition d'une crémaillère aux objectifs à vues fait une augmentation de 10 francs.

(3) Il est indispensable que nous ayons la chambre noire à laquelle on veut les adapter, ou tout au moins l'un de ses châssis à épreuves, pour faire ces faux châssis. On peut, du reste, les remplacer par une planchette, ayant une ouverture carrée, qui est d'abord fixée après la planchette à coulisseaux et qu'on adapte, au moyen de vis, sur un châssis ordinaire que l'on réserve à cet usage. Connaissant la dimension de la chambre noire, nous pouvons fournir ces planchettes, dont le prix varie de 2 à 3 fr.

Les n°s 3397 et suivants servent à rendre les chambres noires ordinaires propres à faire des épreuves stéréoscopiques.

Planchette longue pour recevoir les chambres noires stéréoscopiques et repérer leurs positions. *Voyez* page 44, n°s 3515, 3516 et 3517.

CHAMBRES NOIRES STÉRÉOSCOPIQUES (*fig.* 11)

A OBJECTIFS JUMEAUX

Pour faire les deux images simultanément *sur la même plaque* (1).

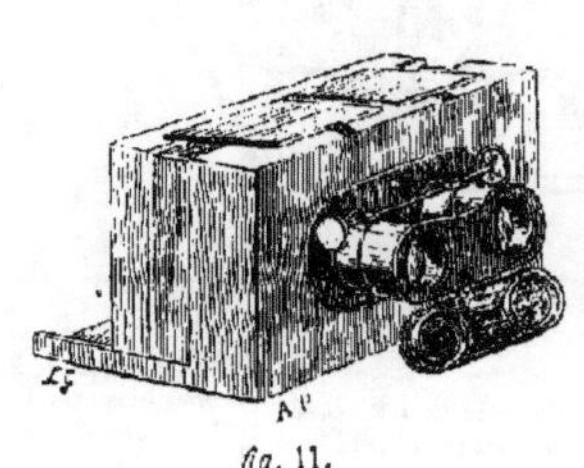

fig. 11.

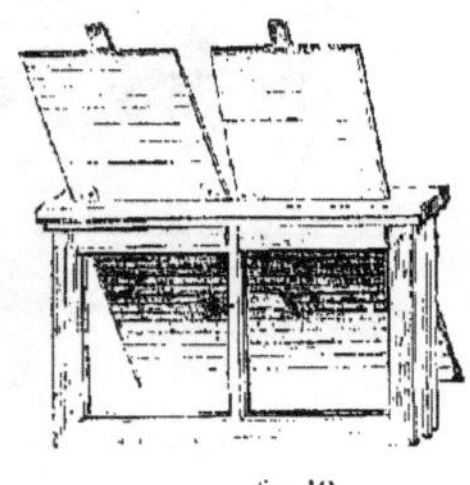

fig. 12.

	A. Avec 2 châssis pour glaces ou pour plaques (2).		B. Avec 2 châssis pour glaces et 2 pour plaques (3).	
3401 **Sans objectifs**	28 francs.		42 francs.	
	Dimension des objectifs.		Dimension des objectifs.	
	C. 1/6.	D. 1/4.	E. 1/6.	F. 1/4.
3402 **Avec 1 couple d'objectifs** pour vues. .	58 »	68 »	72 »	82 »
3403 — pour portraits	118 »	158 »	132 »	172 »
3404 **Avec 1 couple d'objectifs** pour vues et 1 couple d'objectifs pous portraits . .	148 »	198 »	162 »	212 »

Les objectifs pour portraits de ces chambres noires sont les n°s 3244 ou 3245, page 14. Les objectifs à vues sont les n°s 3248 et 3249 A; pour avoir ces derniers à crémaillère, il faudrait ajouter 20 fr. aux prix ci-dessus.

3405 **Châssis supplémentaires** (*fig.* 12) pour les chambres noires ci-dessus (4). 7 »

3406 **Planchette longue** pour la prise des vues par déplacement, la pièce. . 8 »

(1) Voyez pages 14 et 15 les remarques sur l'emploi de ces chambres noires.

(2) Indiquer si ces châssis doivent servir pour glaces ou pour plaques; ils doivent être faits pour l'un ou pour l'autre procédé. Faute de renseignements à cet égard, nous les fournissons pour glaces.

(3) On peut, si on le désire, prendre ces quatre châssis pour glaces ou encore pour plaques. Ils ne peuvent, dans tous les cas, servir que pour l'un ou pour l'autre procédé. Si on ne nous donne pas d'ordres positifs à cet égard, nous les livrons comme il est indiqué dans le tableau, c'est-à-dire deux pour chaque procédé.

(4) Il est de toute nécessité que nous ayons la chambre noire et l'un de ses châssis à épreuves, ou tout au moins ce dernier, pour que nous puissions en fournir de nouveau. On devra de plus nous dire s'ils doivent servir pour glaces ou pour plaques; faute de renseignements à cet égard, nous les ferons pour glaces.

DEUX CHAMBRES NOIRES 1/4 (*fig.* 13)

MONTÉES SUR UNE PLANCHETTE

(Appareil binoculaire)

Pour faire les deux images simultanément *sur deux plaques séparées*,

Permettant de varier à volonté, suivant les modèles, l'angle sous lequel on les prend.

(Consulter pour l'emploi de ces chambres noires la brochure de M. Claudet : *Du Stéréoscope et de ses applications à la photographie.*)

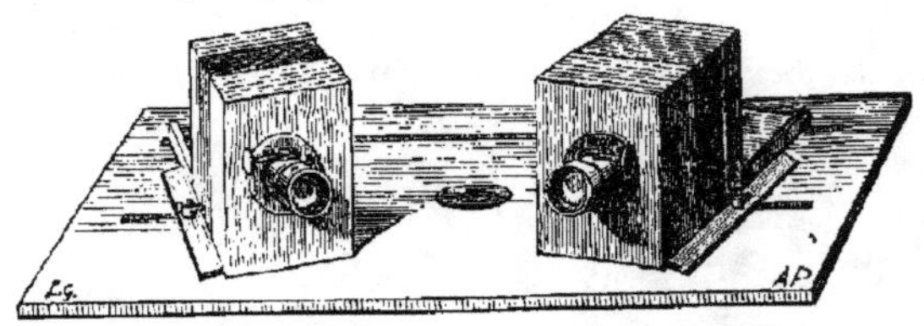

fig. 13.

	A. Chacune avec 2 châssis pour épreuves 1/4 et 1/6 (1).		B. Chacune avec 2 châssis pour épreuves 1/4 et 1/6, et chacune 2 châssis mobiles (1).	
3407 **Sans objectifs**	50 francs.		90 francs.	
	Dimension des objectifs.		Dimension des objectifs.	
	C. 1/6.	D. 1/4.	E. 1/6.	F. 1/4.
3408 **Avec 2 objectifs** pour vues..	80 »	90 »	120 »	130 »
3409 — pour portraits . . .	110 »	150 »	150 »	190 »
3410 **Avec 2 objectifs** pour vues et 2 objectifs pour portraits	140 »	190 »	180 »	230 »

A l'aide de ces instruments on obtient des épreuves produisant autant de relief qu'on peut le désirer, aussi seraient-elles employées exclusivement si la difficulté de préparer deux glaces en même temps, et surtout de développer les deux épreuves à la fois, ne faisait préférer les chambres noires à objectifs jumeaux, à l'aide desquelles on fait les deux images sur une même glace. *Voyez* à ce sujet les notes, pages 14 et 15. — Les chambres noires de la colonne B, étant munies de châssis mobiles, permettent d'obtenir de suite deux exemplaires; elles seront préférées par les personnes qui veulent aussi prendre des vues à sec.

L'addition de crémaillères aux objectifs à vues fait une augmentation de 20 fr. pour les deux, quelle que soit leur dimension.

Châssis supplémentaires. *Voyez* page 32, n° 3396, et page 44, n° 3471 A et C.

Voyez aussi page 35 les chambres noires stéréoscopiques nouveau modèle.

CHAMBRE NOIRE POUR REPRODUIRE

(sans les transposer)

LES ÉPREUVES STÉRÉOSCOPIQUES

Qui sont obtenues, SUR VERRE, *au moyen des chambres noires à objectifs jumeaux.*

3411 **Chambre noire avec 2 objectifs** 1/6 simples . . . . 110 »

L'emploi de cette chambre noire, en place de la presse à glace, évite la transposition des épreuves; de plus, quand on en fait usage, il n'est pas nécessaire de faire à l'envers les clichés dont on veut tirer les épreuves positives sur glace. Elles sont accompagnées d'une instruction.

---

(1) Indiquer si on désire opérer sur glaces ou sur plaques : ces châssis devant être faits pour l'un ou l'autre procédé, à défaut d'ordres exprès, nous les faisons pour glaces.

CHAMBRES NOIRES

AVEC BOITE DITE A ESCAMOTER

Pour changer les glaces en pleine lumière

(SPÉCIALES POUR LA PRISE DES VUES).

Les boîtes à escamoter, d'une construction très-ingénieuse, permettent d'emporter dans les excursions une quantité de glaces préparées, de les exposer à la chambre noire et de les rapporter; le tout sans qu'elles puissent être attaquées par la lumière.

Ces boîtes sont surtout bonnes pour les petites dimensions, et particulièrement pour la prise des vues stéréoscopiques. Il est bien entendu que leur usage est exclusivement réservé aux glaces complétement sèches, albumine ou procédé Taupenot.

	A. Sans objectif.	B. Avec objectif pour vues.	
	PRIX.	Dimension des objectifs.	PRIX.
3412 **Chambre noire** avec boîte pour 24 glaces 1/4. . . .	55 »	1/4	75 »
3413 — — — stéréoscopes	60 »	id.	80 »
3414 — — — 1/2. . . .	65 »	1/2	90 »
3415 — — pour 18 glaces normales. .	85 »	81 mill.	155 »
3416 — — pour 12 glaces 21 sur 27.	100 »	id.	170 »
3417 — — pour 24 glaces stéréoscopiques pour recevoir deux objectifs	65 »	Avec 2 objectifs 1/4 1/4	105 »

Ce dernier modèle de chambre noire est un peu plus embarrassant que celui n° 3413; il nécessite en outre deux objectifs, quoiqu'on doive faire les deux images successivement; mais il possède le grand avantage de préserver plus complétement les glaces de l'action de la lumière; l'emploi aussi en est plus simple. Les chambres noires, nos 3412, 3414, 3415 et 3416, pour épreuves simples, présentent les mêmes avantages.

Nous faisons au même prix, à la volonté du client, ces chambres noires à soufflet ou à corps en bois; nous préférons toujours ces dernières sous le rapport de l'exactitude. Néanmoins, lorsque nous n'avons pas d'ordre précis à ce sujet, nous les faisons à soufflet.

Les boîtes à escamoter ne pouvant s'adapter qu'à des chambres noires exclusivement destinées à les recevoir, nous n'en donnons pas les prix séparément.

Planchette longue, indispensable pour la prise des vues à l'aide des chambres noires stéréoscopiques. (*Voyez* page 44, nos 3515 à 3517.)

NOUVELLES CHAMBRES STÉRÉOSCOPIQUES (1)

POUR LA REPRODUCTION D'OBJETS ANIMÉS

faisant les deux images SIMULTANÉMENT, *réunies sur une même glace*

Et produisant un relief convenable.

3418 **Avec 2 objectifs** 1/6 pour portraits	120	»
3419 — 1/4 —	160	»
3420 — 1/2 —	240	»

Les nouvelles chambres noires que nous proposons sont munies de deux objectifs pouvant s'écarter jusqu'à ce que leurs centres soient éloignés l'un de l'autre de 15 centimètres. C'est à cette disposition qu'elles doivent de produire des épreuves donnant plus de relief que celles faites au moyen des chambres noires à objectifs jumeaux dont l'écartement est plus de moitié

(1) Elles sont accompagnées d'une notice explicative.

moindre (1). Toutefois on devra se borner à en faire usage pour les objets peu éloignés, tels que portraits, groupes, objets d'art. Voir à ce sujet les notes pages 14, 15.

Une disposition particulière permet de démasquer d'un même coup les deux objectifs, quel que soit, d'ailleurs, l'écartement qu'on leur a donné.

Le seul défaut de ces instruments est d'exiger que les clichés soient faits sur des glaces plus grandes que la dimension *stéréoscopique*. Elles ont 15 sur 24; elles coûtent ainsi un peu plus cher de préparation. Les épreuves s'y produisent bien à une trop grande distance l'une de l'autre, mais il est facile de les ramener à leur place lors du tirage des positives, surtout si on emploie à cet effet la chambre noire n° 3431.

ACCESSOIRES POUR ÉPREUVES STÉRÉOSCOPIQUES DE 15 SUR 24.

3421	**Boîte à glaces en noyer** à 12 rainures, pour glaces de 15 sur 24. . .	4	50
3422	— **en bois blanc** — — — . . .	3	50
3423	**Glaces pour épreuves** de 15 sur 24 centimètres . . . . . la pièce.	1	75
3424	— **dépolies** de 15 sur 24 . . . . — .	2	55
3425	**Cuve verticale en gutta-percha** pour glaces de 15 sur 21, avec crochet.	9	»
3426	— **en glaces collées** — — —	19	»
3427	**Socle en bois** pour lesdites.	2	25
3428	**Déversoirs en gutta-percha** pour lesdites cuves	7	»
3429	**Cadre à manche** pour glaces de 15 sur 24.	3	»
3430	**Châssis supplémentaires** pour glaces de 15 sur 24	9	50
	Cuvettes. *Voyez* le même article, page 51 et suivantes.		

3431 **Chambre noire pour reproduire les épreuves,** faites au moyen des chambres noires ci-dessus, n°s 3418, 3419 et 3420 (pour tirer les positives), ramenant les deux images à la distance convenable et à la *dimension stéréoscopique;* et les remettant dans la position qu'elles doivent occuper, respectivement, quand on les soumet au stéréoscope. Avec 2 objectifs 1/6 simples, châssis à glace dépolie, 2 châssis à épreuves et châssis pour recevoir les clichés. . . . . 130 »

Cette même chambre noire peut également servir à reproduire les clichés faits avec les chambres noires n°s 3401 à 3404.

STÉRÉOMONOSCOPE DE M. CLAUDET.

NOUVEL INSTRUMENT

Dont le principe repose sur la découverte de la propriété inhérente au verre dépoli de présenter en relief l'image de la chambre obscure (2).

3432	**Stéréomonoscope muni de 2 objectifs 1/6 doubles.**	160	»
3433	— **de 2 objectifs 1/4** —	220	»

Ces appareils sont construits d'après les indications de M. Claudet, ils permettent d'observer les épreuves avec une amplification de deux fois en diamètre.

---

(1) L'écartement des objectifs jumeaux est seulement de 65 millimètres d'un axe à l'autre. Voir à ce sujet la note page 14.

(2) Voir la brochure de M. Claudet sur le stéréomonoscope.

APPAREILS MÉGASCOPIQUES

ET MICROGRAPHIQUES.

CHAMBRES NOIRES MÉGASCOPIQUES

POUR AMPLIFIER LES ÉPREUVES.

L'épreuve qu'on veut amplifier doit être *négative* et *sur glace*. On la reproduit soit sur glace, soit sur papier ioduré. On fait développer l'image à l'aide de l'acide gallique, on la fixe à l'hyposulfite de soude neuf, puis on la fait *virer au chlorure d'or*. Les épreuves obtenues par ce procédé ont une grande solidité.

3434	**Chambre noire pour amplifier** les épreuves 1/6 et les amener à la dimension 1/2 (1)		400	»
3435	—	**pour amplifier** les épreuves 1/6 ou 1/4 et les amener à la dimension normale (1).	160	»
3436	—	**pour amplifier** les épreuves 1/2 et les amener à la dimension de 30 sur 40.	300	»
3437	—	**pour amplifier** les épreuves de dimension normale et les amener à celle de 40 sur 50.	450	»

Ces mêmes appareils peuvent servir à faire des réductions égales à leur amplification : ainsi le n° 3437 peut servir à réduire à la dimension normale des épreuves qui auraient 40 sur 50 cent. Nous ferons toutefois observer qu'à moins d'avoir des objectifs supplémentaires de foyers *ad hoc*, on ne peut pas faire de réductions intermédiaires; par exemple avec ce même appareil n° 3437, pour réduire à la dimension de 27 sur 35 une épreuve qui aurait 40 sur 50 centimètres, il faudrait avoir un objectif susceptible de donner lui-même une bonne épreuve de 25 sur 32 centimètres.

Nous croyons convenable de dire qu'avec ces appareils amplificateurs on n'obtient jamais une netteté égale à celle des épreuves produites directement par la chambre noire, car l'épreuve type n'est jamais assez parfaite pour supporter impunément un tel grossissement. Cependant ce procédé peut être utile dans plusieurs circonstances, comme, par exemple, quand on veut produire des portraits de grandeur naturelle qui doivent ensuite être retouchés. Disons d'ailleurs que c'est le meilleur moyen d'obtenir des épreuves approchant de la dimension réelle du modèle, quand celui-ci ne présente pas une surface plane.

Aucun de ces appareils n'est portatif.

CHAMBRES NOIRES POUR REPRODUCTIONS

DE GRAVURES, CARTES GÉOGRAPHIQUES, PLANS, ETC.

En réduction, de même grandeur ou avec une faible amplification.

3438	**Pour obtenir des épreuves**	1/6. . . .	avec objectif	n° 3217 . . .	60	»
3439	—	1/4. . . .	—	n° 3219 . . .	65	»
3440	—	1/2. . . .	—	n° 3221 . . .	90	»
3441	—	**normales** .	—	n° 3223 . . .	140	»
3442	—	**de** 21 **sur** 27	—	n° 3225 . . .	160	»
3443	—	**de** 25 **sur** 32	—	n° 3227 . . .	225	»
3444	—	**de** 27 **sur** 35	—	n° 3228 . . .	310	»
3445	—	**de** 30 **sur** 40	—	n° 3229 . . .	400	»
3446	—	**de** 40 **sur** 50	—	n° 3230 . . .	430	»

Ces chambres noires sont montées sur une base très-solide, comme le demandent leur grand développement et l'exactitude dont on a besoin pour ce genre de reproduction.

3446 *bis*. **Chevalets** pour placer les dessins à reproduire . . . . 25 »

---

(1) Ces deux numéros sont très-convenables pour faire les portraits *cartes de visite*.

MÉGAGRAPHES (1)

POUR L'AMPLIFICATION DES OBJETS MICROSCOPIQUES TRANSPARENTS

et leur reproduction par la photographie.

3447 **Pour obtenir les épreuves sur glaces 1/4** . . . . 240 »
3448 — **sur glaces 1/2**. . . . . 260 »
3449 — **sur glace normale** . . . . 300 »

APPAREILS POUR FAIRE DES ÉPREUVES MICROSCOPIQUES (1).

Le genre d'épreuves qu'on obtient avec ces appareils est une nouvelle et charmante application de la photographie. Il nous suffira de dire qu'on peut faire, avec, des épreuves n'ayant qu'un millimètre carré qui, examinées au microscope, présenteront cependant d'une façon très-nette la reproduction de gravures, de pages d'impression, etc.

3450 **Pour réduire des épreuves** 1/4 ou 1/6 à un millimètre de surface. . . . 200 »
3451 — normales ou 1/2 — . . . 250 »

Ces mêmes appareils peuvent servir à amplifier dans le même rapport : ainsi, un objet transparent présentant une surface plane, n'ayant qu'un millimètre de diamètre, pourra être amené à couvrir une glace 1/4 au moyen de l'appareil n° 3450, et une glace normale, si on se sert de celui n° 3451.

TENTES DE VOYAGE.

3452 **Tente** en coutil doublée en étoffe jaune, se démontant et se remontant avec la plus grande facilité. . . . . 240 »

Cette tente, dépliée, couvre une superficie de 6 mètres ; elle est donc plus que suffisante pour y faire commodément toutes les opérations photographiques. Elle n'occupe, quand elle est repliée, que le volume d'un cylindre de 1 mètre 40 centimètres de long et de 25 centimètres de diamètre.

On peut y ajouter :

3453 **Table pliante,** pour poser les cuvettes . . . . 25 »
3454 **Tabouret pliant**. 8 »

(1) Ces instruments ne comprennent pas les accessoires des appareils complets, tels que cuvettes, glaces, produits chimiques, etc.

ÉBÉNISTERIE.

Tous les photographes savent quels effets désastreux produisent les pièces d'ébénisterie dont la confection n'est pas parfaite, et aussi combien il est plus économique de faire de prime abord la dépense nécessaire pour les avoir de bonne qualité. Les chambres noires surtout demandent un soin tout particulier.

Nous avons donc préféré, plutôt que de chercher à soutenir une concurrence de prix, continuer à rendre tous nos articles d'ébénisterie aussi parfaits que possible, tout en les livrant à des prix relativement bas.

Nous n'avons pas cherché à faire des instruments de luxe, mais bien des instruments remplissant le but auquel ils sont destinés. Le bois que nous employons est le noyer, il n'est pas cassant, ne s'éclate pas, et se prête parfaitement à toutes les formes qu'il est nécessaire de lui donner pour les instruments de photographie; c'est celui qui nous a toujours produit les meilleurs résultats.

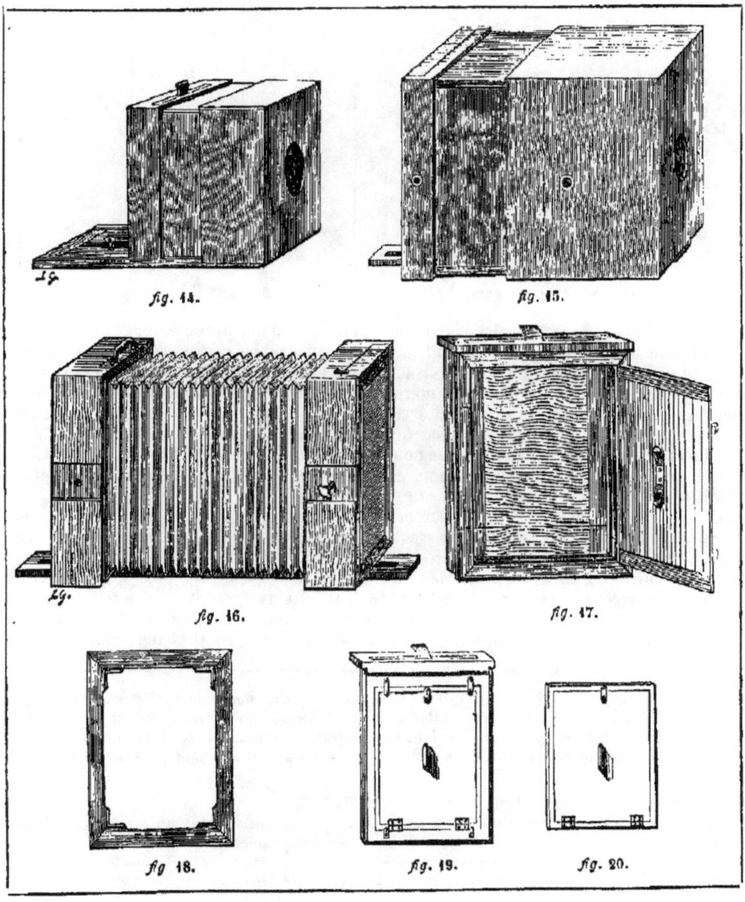

fig. 14. fig. 15. fig. 16. fig. 17. fig 18. fig. 19. fig. 20.

CHAMBRES NOIRES.

(Voyez les figures, page précédente.)

CHAMBRES NOIRES A BASE DROITE (*fig.* 14).	CHAMBRES NOIRES A UN TIRAGE (1). (*fig.* 14 et 15) — A. POUR COLLODION. 2 châssis à porte, (*fig.* 17) munis chacun d'un porte-glace (*fig.* 18) pour dimension moindre.	B. POUR PAPIER. 2 châssis à double glace, double feuillure, pouvant aussi servir pour collodion (2).	C. POUR PLAQUES. 2 châssis (*fig.* 19) munis chacun d'un porte-plaque (*fig.* 20).	CHAMBRES NOIRES A SOUFFLET (*fig.* 16) (1). Les chambres noires à soufflet font une *augmentation* sur les prix ci-contre de : A un soufflet.	A deux soufflets (3).
3455 **Pour** 1/6 (4). . .	20 »	» »	20 »	6	»
3456 — 1/4 (4). . .	20 »	» »	20 »	7	»
3457 — 1/2 (4). . .	28 »	28 »	28 »	7	»
3458 — **normale** (4) .	35 »	35 »	35 »	10	»
CHAMBRES NOIRES SANS BASE (*fig.* 15).					
3459 — **de 21 sur 27.**	50 »	50 »	» »	10	»
3460 — **de 25 sur 32.**	70 »	75 »	» »	15	25
3461 — **de 27 sur 35.**	90 »	95 »	» »	15	30
3462 — **de 30 sur 40.**	100 »	110 »	» »	20	35
3463 — **de 40 sur 50.**	120 »	150 »	» »	25	40

Chambres noires pour épreuves stéréoscopiques, voyez pages 32 et suivantes.

Les chambres noires désignées sous les cinq derniers numéros n'ont pas de base, ce qui les rend plus légères et moins volumineuses. Elles sont ainsi très-convenables pour le voyage; seulement elles nécessitent un pied n° 3509, ou suivants, auquel on joindra, pour les quatre derniers, un pied à deux branches n° 3514. Ces chambres noires ainsi montées présentent une grande stabilité.

Nous pouvons également, en les disposant à cet effet, leur adjoindre une planche, ou base mobile, qui permet de les placer sur un pied quelconque ou, à volonté, sur une table. Elles deviennent ainsi parfaites tant pour l'atelier que pour le voyage; pour ce dernier usage, on conserve l'usage de la barre, qui est plus légère et moins embarrassante. Nous donnons plus bas les prix de cette addition.

Comme nous l'avons dit plus haut, nos chambres noires sont à un seul tirage. Nous donnons ci-dessous l'augmentation de prix qu'elles subissent quand on leur ajoute un second tirage ou, ce qui est mieux, une allonge.

Nos chambres noires ont un verre dépoli très-fin de grain, cela est suffisant pour les objectifs à vues; mais nous engageons ceux de nos clients qui veulent faire le portrait à faire remplacer ce verre par une glace dépolie, ils obtiendront ainsi une plus grande exactitude dans la mise au point. Nous donnons plus bas, n° 3469, l'augmentation de prix que cause ce changement.

---

(1) Nous préférons toujours les chambres noires à corps en bois; elles sont d'un meilleur usage et présentent plus de stabilité que celles à soufflet. Elles ne sont d'ailleurs pas plus embarrassantes que ces dernières, puisque en voyage on peut insérer dedans une quantité d'accessoires, ce qui diminue d'autant le volume du bagage. Les chambres noires à soufflet ne sont véritablement avantageuses que pour les excursions en ville.

(2) On peut ajouter à ces châssis des porte-glaces. Voyez page 42.

(3) Le second soufflet a pour but d'éviter la déviation causée par la tension dans les longs foyers. C'est ce modèle qu'on devra préférer pour les grandes chambres noires et pour celles qui devront servir à faire des reproductions de gravures ou plans de même grandeur que le modèle. Nous préférons toutefois pour cet usage les chambres noires à corps en bois. Il sera bon aussi de les monter d'une manière spéciale. Voyez page 37.

(4) Voyez page 56 les dimensions des glaces, et page 57 celles des plaques 1/6, 1/4, 1/2 et 1/1.

PRIX POUR L'ADDITION AUX CHAMBRES NOIRES CI-DESSUS

DE

Base mobile, tirage supplémentaire ou bien allonge, planchette à objectif supplémentaire, devant mobile pour élever et abaisser l'objectif, crémaillère, glace dépolie et poignée.

	DIMENSION DES CHAMBRES NOIRES.							
	1/4.	1/2.	Normale.	21 sur 27.	25 sur 32.	27 sur 35.	30 sur 40.	40 sur 50.
3464 **Base mobile** . . .	6 »	8 »	10 »	15 »	20 »	25 »	30 »	35 »
3465 **Allonge** (1). . . .	8 »	10 »	15 »	20 »	25 »	30 »	35 »	40 »
3466 **Planchette à objectif**	2 »	2 »	2 50	3 »	3 50	4 »	4 50	5 »
3467 **Devant mobile** . .	8 »	10 »	14 »	18 »	24 »	30 »	35 »	40 »
3468 **Crémaillère** . . .	16 »	19 »	20 »	24 »	26 »	30 »	35 »	40 »
3469 **Glace dépolie**. . .	» 85	1 »	1 »	1 55	2 »	3 60	5 »	11 »
3470 **Poignée en cuivre** (2)	1 25	1 25	2 »	2 »	2 »	4 »	4 »	» »

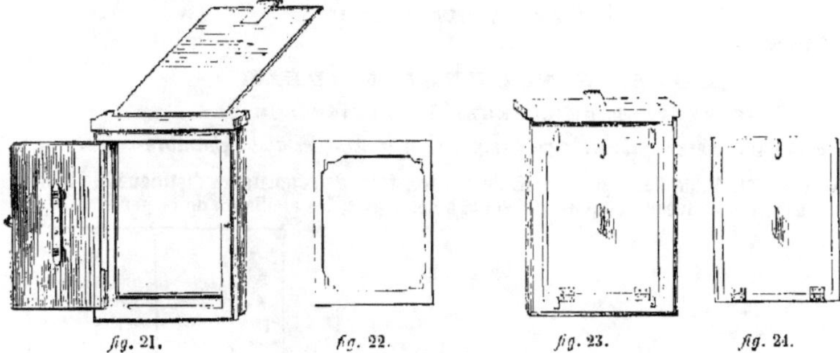

fig. 21. *fig.* 22. *fig.* 23. *fig.* 24.

CHASSIS SUPPLÉMENTAIRES (*fig.* 21 *et* 23)

POUR ÉPREUVES NÉGATIVES.

	A. Pour collodion (*fig.* 21) avec porte-glaces (*fig.* 22) pour dimensions au-dessous.	B. Pour papier à double glace.	C. Pour plaques (*fig.* 23) muni d'un porte-plaque (*fig.* 24).
3471 **Pour chambre noire** 1/4.	6 »	6 »	6 »
3472 — 1/2.	8 »	8 »	7 »
3473 — **normale**	9 50	9 50	8 »
3474 — 21 **sur** 27.	12 »	12 »	» »
3475 — 25 **sur** 32.	16 »	16 »	» »
3476 — 27 **sur** 35.	19 »	19 »	» »
3477 — 30 **sur** 40.	20 »	23 »	» »
3478 — 40 **sur** 50.	25 »	35 »	» »

Il est indispensable que nous ayons la chambre noire et l'un de ses châssis à épreuves, ou tout au moins ce dernier objet, pour que nous puissions fournir ces châssis.

(1) Les tirages supplémentaires sont du même prix que les allonges.
(2) Les chambres noires à soufflet en sont munies.

PORTE-GLACES SUPPLÉMENTAIRES (*fig.* 25).

(CADRES INTERMÉDIAIRES.)

3479	**Pour châssis de chambre noire** 1/4.	1	25
3480	— 1/2.	1	50
3481	— **normale.**	1	90
3482	— **de** 21 **sur** 27.	2	15
3483	— **de** 25 **sur** 32.	2	50
3484	— **de** 27 **sur** 35.	2	85
3485	— **de** 30 **sur** 40.	3	15
3486	— **de** 40 **sur** 50.	3	75

fig. 25.

Nous ferons observer que le prix de ces porte-glaces est réglé par leur grandeur extérieure; c'est-à-dire par le format du châssis dans lequel ils doivent être placés, et nullement par la dimension des glaces qu'ils sont destinés à recevoir, laquelle dimension on devra nous désigner.

PORTE-PLAQUES SUPPLÉMENTAIRES

POUR LE DAGUERRÉOTYPE.

Voyez page 49.

CHASSIS NOUVEAU MODÈLE

PERMETTANT DE CHANGER EN PLEINE LUMIÈRE

les feuilles DE PAPIER *qui ont reçu l'impression lumineuse de la chambre noire.*

Nous devons à MM. V. de Rancogne et Alf. de Laistre, tous deux amateurs distingués de Blois, la construction de ces nouveaux châssis, qui sont, à notre avis, les meilleurs de ce genre.

		A. Avec 6 enveloppes préservatrices.	B. Chaque enveloppe supplémentaire.
3487	**Châssis pour chambre noire** 1/2.	27 »	2 50
3488	— **normale.**	32 »	3 »
3489	— **de** 21 **sur** 27.	40 »	4 »
3490	— **de 25 sur** 32.	56 »	5 »
3491	— **de 27 sur** 35.	60 »	6 »
3492	— **de** 30 **sur** 40.	85 »	8 »
3493	— **de** 40 **sur** 50.	100 »	10 »

Ces châssis sont une modification heureuse des châssis système de M. Clément, et de ceux de M. Marion. — Voyez plus haut la note qui suit le tableau des prix des châssis supplémentaires.

PLANCHETTES POUR NETTOYER LES GLACES.

		A. Pour glaces 1/2 et au-dessous.	B. Pour glaces de 21 sur 27 et au-dessous.	C. Pour glaces de 27 sur 35 et au-dessous.	D. Pour glaces de 40 sur 50 et au-dessous.
3494	**Pour nettoyer avec un liquide** (1).	3 »	3 75	5 »	8 »
3495	**Pour nettoyer à sec** (pour terminer).	3 »	3 75	5 »	8 »

Nous pouvons faire ces planchettes pour les dimensions intermédiaires.

(1) Ce modèle est très-convenable pour le premier nettoyage qu'on fait subir aux glaces quand on les sort d'un liquide dans lequel on les a fait détremper. Le second modèle est préférable pour leur donner le dernier coup.

PRESSES A GLACES

(CHASSIS POSITIFS)

PERMETTANT DE SUIVRE LES PROGRÈS DE L'IMAGE.

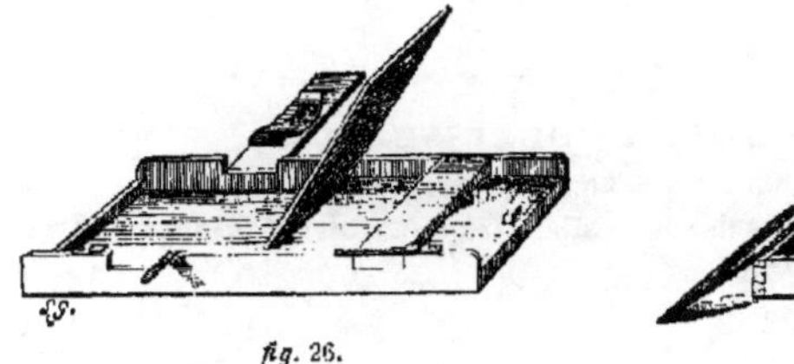

fig. 26.

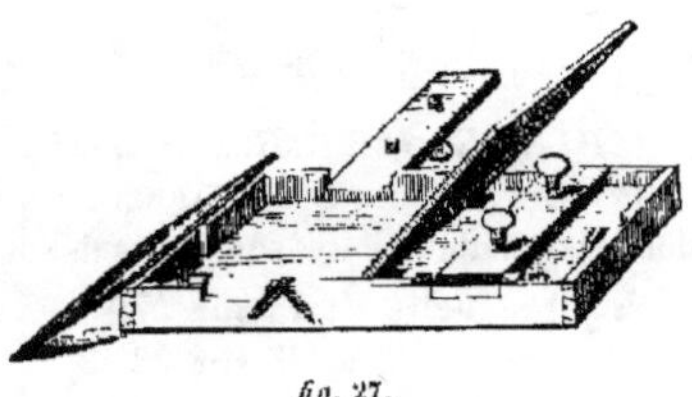

fig. 27.

		A. (*fig.* 26) POUR NÉGATIFS SUR VERRE. Avec 1 glace épaisse et planchette à charnière	B. (*fig.* 27) POUR NÉGATIFS SUR VERRE ET SUR PAPIER. Avec 2 glaces épaisses et planchette à charnière
3496	**Pour épreuves** 1/4.	9 »	11 »
3497	— **stéréoscopique**	9 »	11 »
3498	— 1/2.	10 »	13 »
3499	— **normale**	12 »	16 »
3500	— **de** 21 **sur** 27.	15 »	20 »
3501	— **de** 25 **sur** 32.	18 »	25 »
3502	— **de** 27 **sur** 35.	22 »	31 »
3503	— **de** 30 **sur** 40.	26 »	38 »
3504	— **de** 40 **sur** 50.	45 »	66 »

Ces presses sont en hêtre; elles sont munies de glaces ayant 4 centimètres de chaque côté de plus que les épreuves auxquelles elles sont destinées.

FEUILLES DE CAOUTCHOUC

POUR ÉGALISER LA PRESSION.

	Dimension	1/4	stéréosc.	1/2	Normale.	21 sur 27.	25 sur 32.	27 sur 35.	30 sur 40.	40 sur 50.
3505. . .	PRIX. .	1 »	1 25	1 50	2 50	3 25	4 »	5 50	8 »	12 »

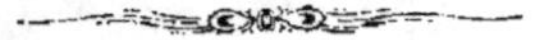

PIEDS DE CHAMBRES NOIRES.

PIEDS A 6 BRANCHES, A COULISSE (*fig.* 28),

à rotule, vis en cuivre et planchette

POUR SUPPORTER LA CHAMBRE NOIRE.

3506	**Pour chambre noire** 1/4	20	»
3507	— 1/2	22	»
3508	— **normale**	23	»

PIEDS A 6 BRANCHES, A COULISSE (*fig.* 29),

A PLATE-FORME, AVEC BARRE ET VIS EN CUIVRE, SANS ROTULE.

Les dimensions des chambres noires auxquelles ils sont destinés exigeant UNE PLUS GRANDE STABILITÉ.

3509	**Pour chambre noire de** 21 **sur** 27	23	»
3510	— **de** 25 **sur** 32 (2)	25	»
3511	— **de** 27 **sur** 35	25	»
3512	— **de** 30 **sur** 40	28	»
3513	— **de** 40 **sur** 50	30	»
3514	**Second pied de M. Legray,** pour éviter les vibrations (*fig.* 30)	15	»

L'addition de ce pied est indispensable aux quatre derniers numéros.

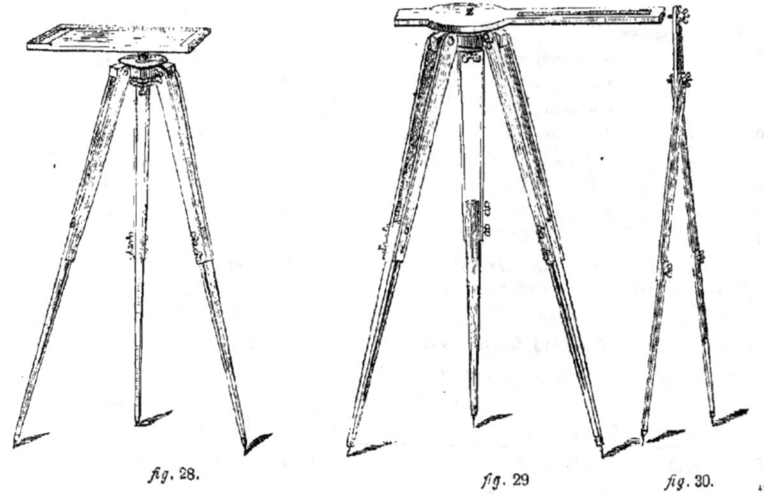

fig. 28. *fig.* 29 *fig.* 30.

PIEDS A 6 BRANCHES, A COULISSE, A PLATE-FORME,

avec planchette longue, munie de 2 règles mobiles

POUR FAIRE LES ÉPREUVES STÉRÉOSCOPIQUES.

3515	**Pour recevoir une ou deux chambres noires**	27	»
3516	**La planchette seule**	7	»
3517	— avec bouton à vis pour la monter sur un pied	9	»

Cette planchette sert à repérer les deux positions de la chambre noire quand on fait les deux images successivement. Elle sert aussi quand on opère simultanément avec deux chambres noires, son usage est alors de les amener et de les maintenir à la distance convenable l'une de l'autre et dans leurs directions respectives.

Elle peut s'adapter aux pieds à barres et à ceux d'atelier; mais les pieds à rotule ne présentent pas assez de solidité pour la recevoir.

PIEDS D'ATELIER.

3518 **Pied d'atelier** très-solide, en chêne, à mouvements horizontal et vertical, pouvant s'élever et s'abaisser (*fig.* 31). . . . . . 40 »

3519 — **plus fort**, même construction. . . . . 45 »

3520 **Le même avec engrenages**, mouvement ascensionnel mu par une manivelle, mouvement d'inclinaison au moyen d'une vis sans fin. . . . . 100 »

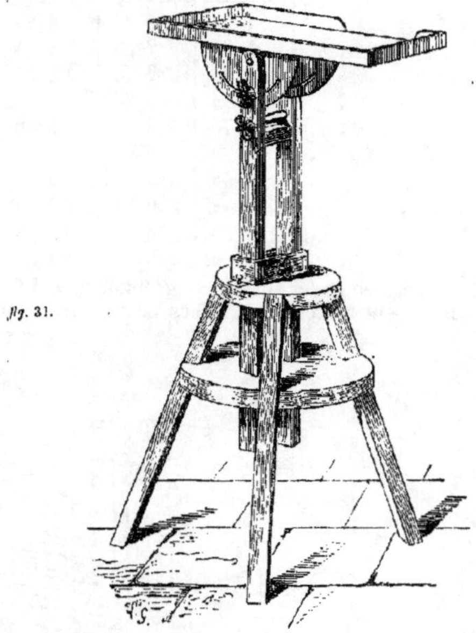

fig. 31.

3521 **Pied d'atelier tout en fonte**, d'une grande solidité, mouvements très-doux et très-réguliers, inclinaison dans les deux sens. . . . . . . 200 »

Ce dernier modèle est bien certainement le plus parfait jusqu'à ce jour.

Quand les trois numéros précédents seront destinés à des chambres noires plus grandes que 21 sur 27, on devra leur adjoindre un pied à 2 branches n° 3514; on obtiendra ainsi une stabilité plus parfaite.

BOITES A OBJECTIFS.

	A. Pour objectif à vues.	B. Pour objectif à portraits.	C. Pour un objectif à vues et un objectif à portraits.
3522 **Pour objectif** 1/6.	3 »	4 »	5 50
3523 — 1/4.	3 »	4 »	6 »
3524 — 1/2.	4 »	5 »	6 »
3525 — de 81 mill.	5 »	6 »	8 »
3526 — de 95 —	6 »	7 »	9 »
3527 — de 110 —	7 »	8 »	10 »
3528 — de 135 —	10 »	12 »	13 »
3529 — de 162 —	13 »	16 »	20 »

BOITES A GLACES (*fig.* 32)

POUR CONSERVER LES ÉPREUVES.

		A 12 RAINURES.		A 24 RAINURES.	
		A. Bois blanc.	B. Noyer.	C. Bois blanc.	D. Noyer.
3530	**Pour glaces** 1/6.	1 25	2 25	2 25	3 50
3531	— 1/4.	1 25	2 50	2 25	3 75
3532	— **de stéréoscope**.	1 50	2 75	2 50	4 25
3533	— 1/2.	2 »	3 25	3 »	4 75
3534	— **normales**.	3 75	5 »	4 50	7 »
3535	— 21 **sur** 27.	4 »	6 50	6 »	9 »
3536	— 25 **sur** 32.	6 »	9 »	9 »	13 »
3537	— 27 **sur** 35.	7 »	10 »	10 »	15 »
3538	— 30 **sur** 40.	10 »	13 »	15 »	20 »
3539	— 40 **sur** 50.	13 »	16 »	20 »	25 »

3540 L'addition à ces boîtes d'une poignée en fer fait une augmentation de 1 fr. 25 c. pour une poignée en cuivre petit modèle, et 2 francs pour un grand modèle.

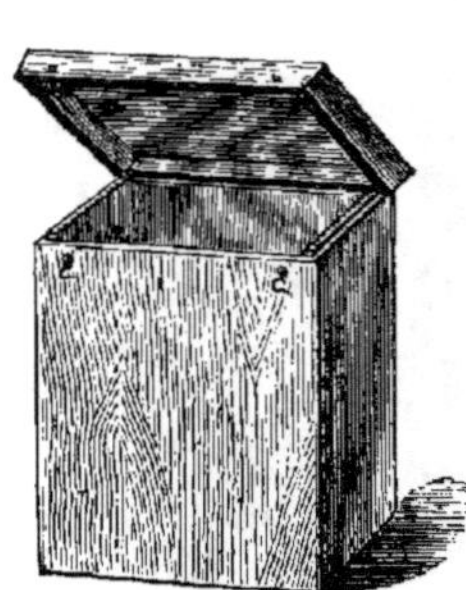

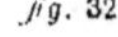

fig. 32.

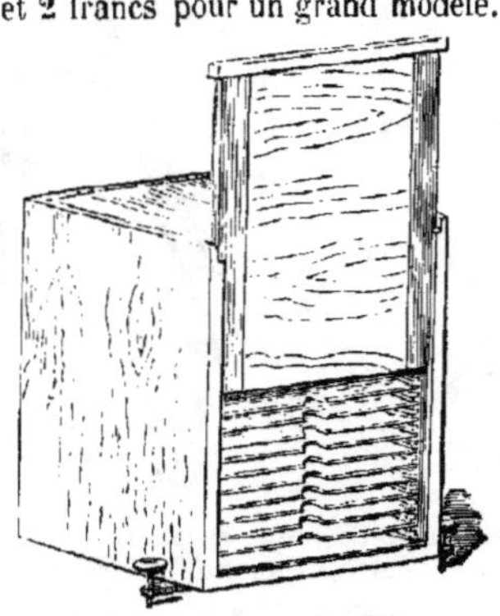

fig. 33.

BOITES A RAINURES HORIZONTALES (*fig.* 33)

POUR SÉCHER LES GLACES ALBUMINÉES,

		A. Pour 12 glaces.	B. Pour 24 glaces.	C (1). Nouveau modèle avec tiges à vis munies d'écrous.
3541	**Pour glaces** 1/6.	8	12	65
3542	— 1/4.	9	14	65
3543	— **stéréoscopiques**.	9	15	65
3544	— 1/2.	10	16	70
3545	— **normales**.	12	18	80
3546	— **de** 21 **sur** 27.	15	25	90
3547	— **de** 25 **sur** 32.	18	27	100
3548	— **de** 27 **sur** 35.	20	32	110
3549	— **de** 30 **sur** 40.	25	36	120
3550	— **de** 40 **sur** 50.	30	45	140

(1) Ces boîtes permettent de régler séparément l'horizontalité des glaces; elles peuvent servir pour les dimensions inférieures.

TOURNETTE

POUR ALBUMINER LES GLACES.

3551 **Tournette** avec deux mandrins . . . . 10 »
3552 **Mandrin supplémentaire.** . . . . 3 »

APPUI-TÊTE

EN BOIS DE HÊTRE, VIS EN CUIVRE.

3553 **Appui-tête ordinaire** (*fig.* 34) . . . . 5 »
3554 — **à 2 tiges mobiles** (*fig.* 35). . . . . 7 »
3555 — **articulé**, prenant toutes les positions (*fig.* 36) . . . . . 12 »
3556 — **pour poser debout et assis**, droit (*fig.* 37) . . . . 13 »
3557 — — **articulé** . . . . 17 »

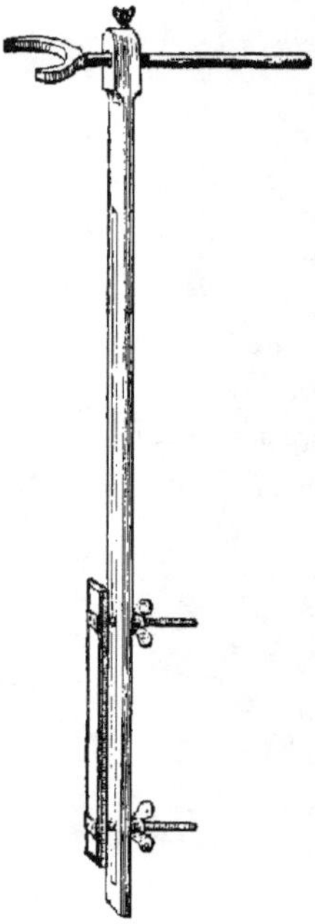

fig. 34.

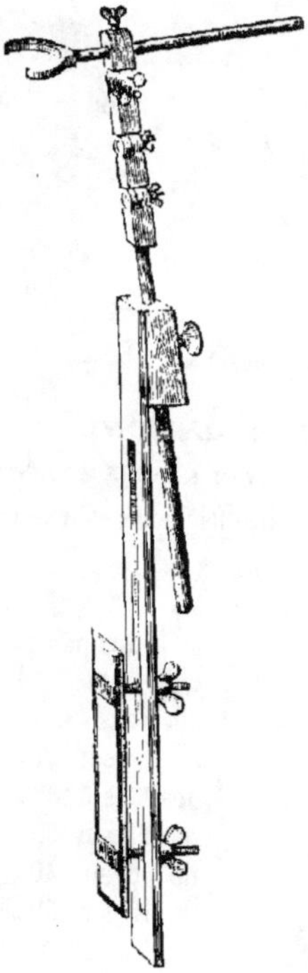

fig. 36

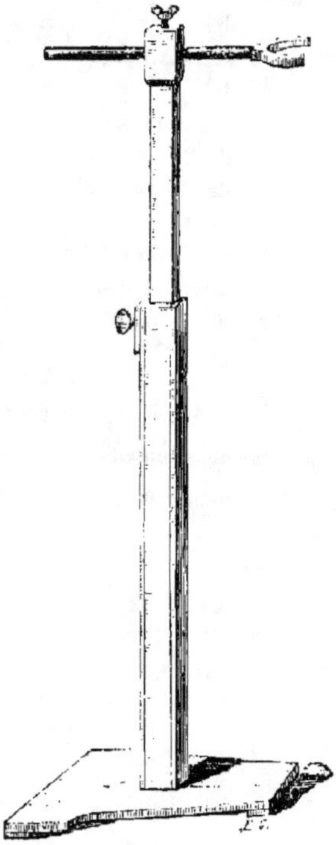

fig. 37

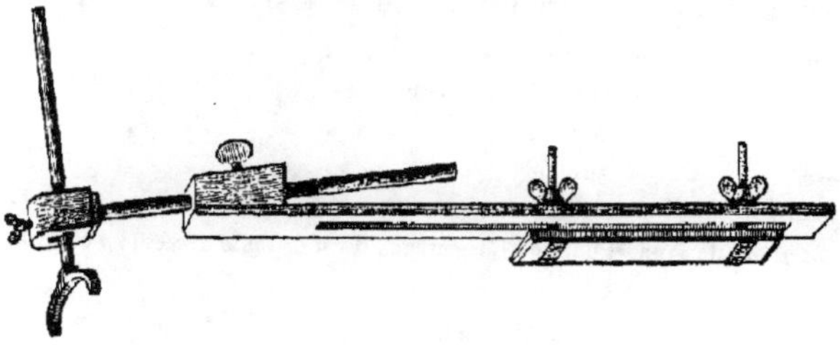

fig. 35.

APPUI-TÊTE, EN FER,

POUR POSER DEBOUT ET ASSIS.

3558	**Appui-tête droit**	35 »
3559	— — **avec appui-reins**	45 »
3560	— **articulé**	60 »
3561	— — **avec appui-reins**	70 »

CADRES A MANCHE

POUR DÉVELOPPER LES IMAGES A L'ACIDE PYROGALLIQUE (1), ETC.

3562	**Pour glace** 1/6	2 25
3563	— 1/4	2 50
3564	— **stéréoscopique**	2 75
3565	— 1/2	2 75
3566	— **normale**	3 »
3567	— **de** 21 **sur** 27	3 25
3568	— **de** 25 **sur** 32	3 75
3569	— **de** 27 **sur** 35	4 25
3570	— **de** 30 **sur** 40	5 »
3571	— **de** 40 **sur** 50	7 »

Voyez aussi ce même article en **gutta-percha.**

CADRES A MANCHE

D'UNE AUTRE FORME, AVEC MANCHE A CENTRE,

modèle que nous conseillerons plus particulièrement pour le fixage des glaces (1).

3572	**Cadre**, avec manche à centre, pour glaces 1/6	2 25
3573	— — — 1/4	2 50
3574	— — — stéréoscopiques	2 75
3575	— — — 1/2	2 75
3576	— — — normale	3 »
3577	— — — de 21 sur 27	3 25
3578	— — — de 25 sur 32	3 75
3579	— — — de 27 sur 35	4 25
3580	— — — de 30 sur 40	5 »
3581	— — — de 40 sur 50	7 »

SUPPORTS A MAIN

POUR VERSER LE COLLODION, POUR DÉVELOPPER OU FIXER LES ÉPREUVES (1).

3582	**Support pour glaces** 1/2 **et au-dessous**	4 »
3583	— **de** 21 **sur** 27 **et au-dessous**	5 »
3584	— **de** 27 **sur** 35 —	6 »
3585	— **de** 40 **sur** 50 —	8 »

(1) Quel que soit le système de support dont on fasse usage, il est de toute nécessité d'en avoir un pour chaque opération.

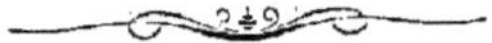

ÉBÉNISTERIE

SPÉCIALE POUR LE DAGUERRÉOTYPE.

(*Voyez* page 39 et suivantes la première partie de l'Ébénisterie.)

PLANCHETTES A POLIR

A QUATRE AGRAFES EN CUIVRE, COINS ARRONDIS, LE DESSUS COUVERT EN DRAP.

	A. Sans presse.	B. Avec presse en fer.
3586 **Pour plaque** 1/6.	1 75	3 50
3587 — 1/4.	2 »	3 75
3588 — **stéréoscopique.**	2 25	4 »
3589 — 1/3.	2 25	4 »
3590 — 1/2.	2 25	4 »
3591 — **normale.**	2 50	4 25

3592 **Presse en fer** pour les planchettes ci-dessus 1 75

Les agrafes en argent font une augmentation de 2 francs, quelle que soit la dimension de la planchette.

POLISSOIRS.

	A. En velours.	B. En peau de daim.
3593 **Polissoir de 18 centimètres**	1 »	1 50
3594 — de 35 —	3 »	4 »
3595 — de 45 —	3 50	5 »
3596 — de 55 —	5 »	7 »

PORTE-PLAQUES SUPPLÉMENTAIRES (*fig.* 38).

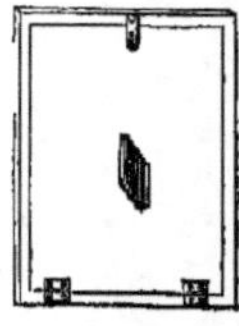

fig. 38.

3597 **Pour châssis de chambre noire** 1/4. . . . . 2 »
3598 — 1/2. . . . . 2 50
3599 — **normale.** . . . . . . 3 »

Le prix de ces porte-plaques est déterminé par la dimension du châssis dans lequel ils doivent être placés ; la dimension des plaques qu'ils sont destinés à recevoir ne modifie en rien ce prix.

On devra nous indiquer la dimension des plaques qu'ils doivent recevoir.

Nous avons besoin, pour les fournir, du châssis complet dans lequel ces porte-plaques doivent être placés.

BOITES A IODER ET BROMER (*fig.* 39),

A DEUX CUVETTES EN PORCELAINE, AVEC GLACES RODÉES, A COULISSE.

3600	**Pour plaque** 1/4	26	»
3601	— 1/2 **et stéréoscopique.**	35	»
3602	— **normale**	50	»
3603	**Cadres supplémentaires** pour préparer des plaques de dimensions différentes sur les boîtes ci-dessus. . . . la pièce.	1	50

fig. 39. *fig.* 40.

BOITES A MERCURER (*fig.* 40),

FOND A COULISSE, PIEDS RENTRANTS, PORTE ET THERMOMÈTRE.

3604	**Pour plaque** 1/6	11	»
3605	— 1/4	12	»
3606	— 1/2 **et stéréoscopique.**	15	»
3607	— **normale.**	20	»

BOITES A PLAQUES (*fig.* 41),

A 12 RAINURES.

3608	**Pour plaques** 1/9	1	75
3609	— — 1/6	2	»
3610	— — 1/4	2	25
3611	— — **stéréoscopique**	2	50
3612	— — 1/3	3	»
3613	— — 1/2	3	25
3614	— — **normale.**	5	»

Voyez aussi la **Première partie de l'Ébénisterie**, page 39 et suivantes.

fig. 41.

3614 *bis.* **Recourboir pour biseauter les plaques.** 8 »

CUVETTES.

CUVETTES EN PORCELAINE (1) (*fig.* 42).

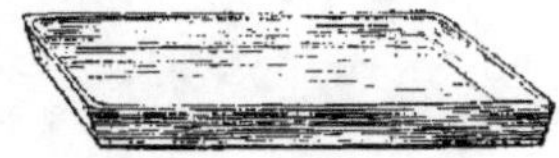

fig. 42.

3615	**Cuvette**	**de** 10 **sur** 13	pour épreuve	1/4	1 25
3616	—	**de** 10 **sur** 18	—	**stéréoscopique**	1 50
3617	—	**de** 14 **sur** 20	—	1/2	2 50
3618	—	**de** 15 **sur** 20	—	—	2 75
3619	—	**de** 18 **sur** 22	—	—	2 75
3620	—	**de** 18 **sur** 24	—	**normale**	3 25
3621	—	**de** 22 **sur** 27	—	**normale** ou de 21 sur 27	4 25
3622	—	**de** 24 **sur** 30	—	de 21 sur 27	6 »
3623	—	**de** 27 **sur** 33	—	de 25 sur 32	7 »
3624	—	**de** 25 **sur** 36	—	—	8 »
3625	—	**de** 30 **sur** 36	—	de 27 sur 35	11 »
3626	—	**de** 31 **sur** 44	—	de 30 sur 40	20 »
3627	—	**de** 36 **sur** 55	—	—	32 »
3628	—	**de** 38 **sur** 55	—	— (2)	35 »

Comme on le voit, il y a plusieurs grandeurs de cuvettes pour une même dimension d'épreuves. On devra choisir les moins grandes pour les bains coûteux ou qui ne peuvent pas resservir; pour les autres bains, les plus grandes seront préférables.

CUVETTES EN PORCELAINE

PROFONDES POUR BAINS ABONDANTS.

3629	**Cuvette**	**de** 10 **sur** 15	pour épreuve	1/4	2 25
3630	—	**de** 15 **sur** 20	—	1/2	3 »
3631	—	**de** 20 **sur** 27	—	**normale**	5 »
3632	—	**de** 22 **sur** 30	—	de 21 sur 27	6 »

CUVETTES EN FAIENCE, AVEC GLACE RODÉE (*fig.* 43),

convenables pour ioder et bromer,

POUR LES LAVAGES ET L'HYPOSULFITE.

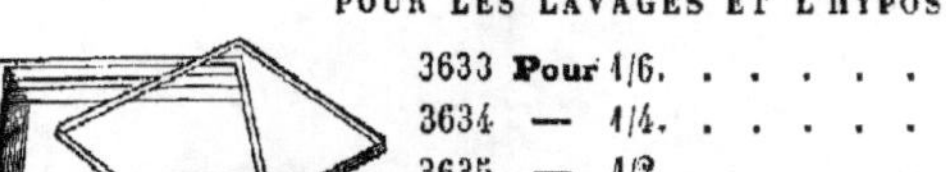

fig. 43.

3633	**Pour** 1/6	1 50
3634	— 1/4	2 »
3635	— 1/2	3 »
3636	— **normale**	5 »

---

(1) La porcelaine est la seule substance qui soit convenable pour le bain d'acide gallique.

(2) Cette dernière dimension de cuvette peut, dans certains cas, suffire pour des épreuves de 40 sur 50. Il ne s'en fait d'ailleurs pas de plus larges en porcelaine.

4.

CUVETTES EN GUTTA-PERCHA (*fig. 44*).

fig. 44.

3637	**Cuvette** de 10 sur 14 pour épreuve 1/4			2	»
3638	—	de 10 sur 18	— **stéréoscopique**	2	50
3639	—	de 15 sur 20	— 1/2	3	»
3640	—	de 20 sur 26	— **normale**	4	»
3641	—	de 22 sur 29	— de 21 sur 27	5	50
3642	—	de 26 sur 35	— de 25 sur 32	9	»
3643	—	de 29 sur 38	— de 27 sur 35	11	»
3644	—	de 32 sur 43	— de 30 sur 40	16	»
3645	—	de 43 sur 54	— de 40 sur 50	25	»
3646	—	de 48 sur 62 pour la feuille entière		35	»

Nous fournissons, le plus souvent, ces cuvettes par paire; elles entrent alors l'une dans l'autre; la seconde est ainsi d'un centimètre plus grande sur chaque sens. Le prix de la paire est égal au prix de deux cuvettes. On peut faire de même des séries de plusieurs cuvettes; le prix en est réglé par la cuvette moyenne.

CUVETTES A RECOUVREMENT EN GUTTA-PERCHA (*fig. 45*),

POUR SENSIBILISER LES GLACES.

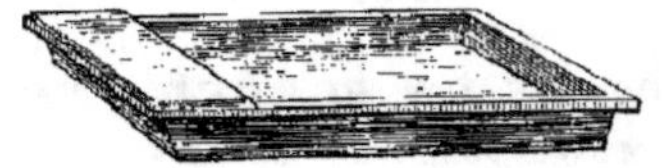

fig. 45.

3647	**Pour glace** 1/4		5	»
3648	—	**stéréoscopique**	6	»
3649	—	1/2	7	»
3650	—	**normale**	9	»
3651	—	**de** 21 **sur** 27	12	»
3652	—	**de** 25 **sur** 32	15	»
3653	—	**de** 27 **sur** 35	18	»
3654	—	**de** 30 **sur** 40	21	»
3655	—	**de** 40 **sur** 50	32	»

Ces cuvettes sont de plusieurs centimètres plus grandes que les glaces auxquelles elles sont destinées, et ont une profondeur convenable.

CUVETTES PROFONDES EN GUTTA-PERCHA,

SPÉCIALES POUR BAINS D'IODURE, D'HYPOSULFITE, D'EAU, ETC.

	PROFONDEURS.	DIMENSIONS des épreuves auxquelles ces cuvettes sont destinées.	PRIX. A. Sans passoir.	PRIX. B. Avec passoir.
3656 **Cuvette de** 13 **sur** 16 centimètres. .	5 cent.	1/1	3 50	5 »
3657 — **de** 12 **sur** 21 — . .	5 —	**stéréoscop.**	4 50	6 »
3658 — **de** 17 **sur** 22 — . .	6 —	1/2	6 »	8 »
3659 — **de** 21 **sur** 28 — . .	6 —	**normale**	8 »	12 »
3660 — **de** 24 **sur** 32 — . .	7 —	21 sur 27	11 »	16 »
3661 — **de** 28 **sur** 37 — . .	7 —	25 sur 32	16 »	23 »
3662 **de** 31 **sur** 41 — . .	8 —	27 sur 35	19 »	24 »
3663 — **de** 34 **sur** 45 — . .	8 —	30 sur 40	22 »	32 »
3664 — **de** 44 **sur** 56 — . .	10 —	40 sur 50	36 »	40 »
3665 — **de** 49 **sur** 65 — . .	10 —	**feuille ent.**	48 »	65 »

CUVETTES D'ATELIER

très-profondes,

EN BOIS DE CHÊNE RECOUVERT DE GUTTA-PERCHA,

avec tube d'écoulement,

SPÉCIALES POUR LES BAINS D'EAU.

3666 **Cuvette de** 35 **sur** 47, profondeur 15 centimètres . . . . 30 »
3667 — **de** 50 **sur** 67 — 20 — . . . . 45 »

Nous pouvons fournir de semblables cuves de toute dimension et profondeur, à raison de 70 centimes le décimètre carré de surface. On devra, en faisant le calcul du prix, tenir compte de la surface des bords, qu'on additionnera avec celle du fond.

CUVETTES EN BOIS A FOND DE VERRE (*fig.* 46)

ET CÔTÉS GARNIS DE LAMES DE VERRE.

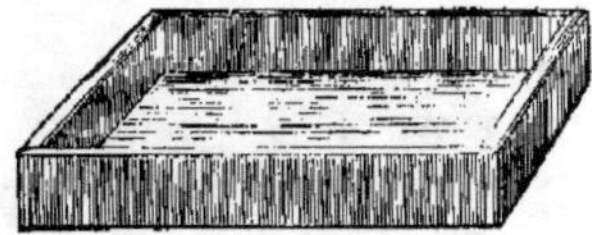

fig. 46.

3668 **Cuvette de** 15 **sur** 21 pour épreuve 1/2 . . . . 4 25
3669 — **de** 21 **sur** 27 — **normale** 5 50
3670 — **de** 24 **sur** 30 — de 21 sur 27. . . . . 6 50
3671 — **de** 27 **sur** 36 — de 25 sur 32. . . . . 8 »
3672 — **de** 30 **sur** 39 — de 27 sur 35. . . . . 12 »
3673 — **de** 35 **sur** 45 — de 30 sur 40. . . . . 14 »
3674 — **de** 45 **sur** 56 — de 40 sur 50. . . . . 17 »
3675 — **de** 50 **sur** 63 pour la feuille entière . . . . 20 »

Ces cuvettes ont l'avantage de présenter un fond plus droit que celles en porcelaine, et celui de permettre de suivre les progrès de l'opération à travers : aussi sont-elles fort utiles pour certaines préparations, mais elles ne sont pas d'une durée parfaite. Pour cette dernière raison, elles ne sont guère employées que dans les dimensions qu'on ne peut faire en porcelaine et lorsque les cuvettes en gutta-percha ne peuvent pas être employées. Tel est le cas pour l'acide gallique.

CUVES VERTICALES,

CROCHETS, SOCLES ET DÉVERSOIRS.

CUVES VERTICALES EN GUTTA-PERCHA (1) (*fig.* 47)

MUNIES D'UN CROCHET (*fig.* 48).

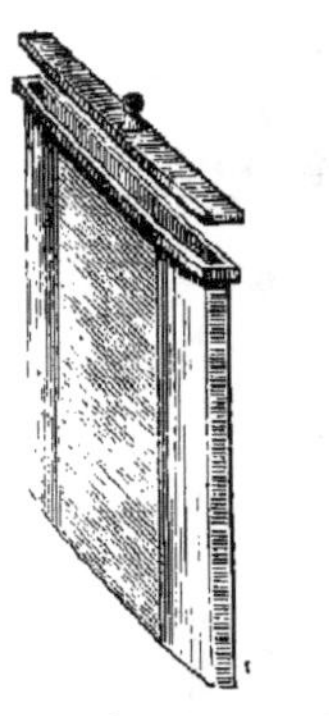

fig. 47. *fig.* 48.

3676	**Pour glace**	1/4. . . .	en hauteur. . . .	5	»
3677	—	**stéréoscopique**	— . . .	6	»
3678	—	—	en largeur (2). . .	6	50
3679	—	1/2. . . .	en hauteur. . . .	7	»
3680	—	**normale** . .	—	9	»
3681	—	**de** 21 **sur** 27	—	11	»
3682	—	**de** 25 **sur** 32	—	16	»
3683	—	**de** 27 **sur** 35	—	18	»
3684	—	**de** 30 **sur** 40	—	23	»
3685	—	**de** 40 **sur** 50	—	38	»

Toutes ces cuves ont la dimension nécessaire pour recevoir les glaces du format correspondant (3). Nous les faisons toujours en hauteur (sens des portraits). Les personnes qui les désireraient pour recevoir les glaces en largeur devraient en faire la commande expresse, le prix en serait le même (4).

CUVES VERTICALES EN GLACES COLLÉES

AVEC CROCHET EN VERRE.

3686	**Pour glace**	1/4. . . .	en hauteur	10	25
3687	—	**stéréoscopique**	—	00	0
3688	—	—	en largeur	11	»
3689	—	1/2. . . .	en hauteur	13	50
3690	—	**normale**. .	—	19	»
3691	—	**de** 21 **sur** 27	—	23	»
3692	—	**de** 25 **sur** 32	—	30	»
3693	—	**de** 27 **sur** 35	—	35	»
3694	—	**de** 30 **sur** 40	—	46	»
3695	—	**de** 40 **sur** 50	—	70	»

Ces cuves ont deux faces polies, ce qui permet de suivre l'opération; en outre, ce sont celles qui demandent le moins de liquide, et de plus elles ne sont pas susceptibles de gâter le bain d'argent. Voyez aussi plus haut la remarque sur la dimension des cuves en gutta-percha.

---

(1) Quand les cuves en gutta-percha sont neuves, il est bon de retirer le bain d'argent dès qu'on a fini les opérations du jour; après quelque temps d'usage, on peut laisser ce bain dedans sans inconvénient.

(2) Cette cuve a la grandeur nécessaire pour recevoir des glaces 1/4 en hauteur.

(3) Nous faisons cette remarque, parce que quelques personnes se croyaient obligées de les prendre d'un format supérieur; cela est inutile.

(4) On peut les faire carrées, pour recevoir les glaces en hauteur et largeur; cela en augmente le prix d'un tiers.

CROCHETS.

	A. En verre collé.	B. En gutta-percha.
3696 **Crochet pour cuve verticale** 1/4 (*fig.* 48)	» 60	» 60
3697 — 1/2 **et stéréoscopique**	» 75	» 75
3698 — **normale et 21 sur 27**	1 »	1 »
3699 — **25 sur 32 et 27 sur 35**	1 25	2 »
3700 — **30 sur 40 et 40 sur 50**	1 50	3 »

3701 **Crochet pour cuvette horizontale, en buffle** . . . . » 75
3702 — — **en gutta-percha** . . . . 1 »
3703 — — **en argent** . . . . 2 »
3704 — — **en platine** . . . . 5 »
3705 **Crochet à griffes, en argent,** système de M. Van Monckhoven. . . . » »

SOCLES EN BOIS

POUR MAINTENIR DEBOUT LES CUVES VERTICALES.

	A. Pour cuves en hauteur.	B. Pour cuves en largeur.
3706 **Pour cuve verticale** 1/4	1 75	2 »
3707 — **stéréoscopique**	1 75	2 25
3708 — 1/2	2 »	2 25
3709 — **normale**	2 25	2 50
3710 — **de 21 sur 27**	2 50	3 »
3711 — **de 25 sur 32**	2 75	4 »
3712 — **de 27 sur 35**	3 »	4 50
3713 — **de 30 sur 40**	4 »	5 »
3714 — **de 40 sur 50**	5 »	6 »

DÉVERSOIRS EN GUTTA-PERCHA (1) (*fig.* 49)

POUR SERVIR DE SOCLE AUX CUVES VERTICALES ET RECEVOIR L'EXCÈS DE LIQUIDE.

	A. Pour cuves en hauteur.	B. Pour cuves en largeur.
3715 **Pour cuve verticale** 1/4	4 »	5 »
3716 — **stéréoscop.**	4 »	6 50
3717 — 1/2	6 »	7 »
3718 — **normale**	7 »	10 »
3719 — **de 21 sur 27**	9 »	13 »
3720 — **de 25 sur 32**	11 »	18 »
3721 — **de 27 sur 35**	13 »	20 »
3722 — **de 30 sur 40**	16 »	22 »
3723 — **de 40 sur 50**	22 »	30 »

fig. 49.

(1) Avec ces déversoirs, il n'est jamais nécessaire de filtrer le bain d'argent. Il suffit, à la première épreuve de la journée, d'emplir la cuve; en y plongeant la glace le liquide déborde, et les impuretés qui étaient à sa surface tombent dans le déversoir, duquel on le recueille. Quant aux corps lourds, ils restent toujours au fond de la cuve : on n'a pas à s'en inquiéter.

GLACES, VERRES, PLAQUES.

GLACES POUR ÉPREUVES, GLACES ET VERRES DÉPOLIS, GLACES ÉPAISSES.

VERRES POUR ÉPREUVES ET PLAQUES EN DOUBLÉ POUR LE DAGUERRÉOTYPE.

GLACES POUR ÉPREUVES

OU CHASSIS DE CHAMBRES NOIRES.

3724 **Glace** 1/6. . . . de 75 sur 92 millimètres . . . . » 50
3725 — 1/4 . . . de 95 sur 125 — . . . . » 65
3726 — **stéréoscopique** de 85 sur 170 (1) — . . . . » 65
3727 — 1/3. . . . de 120 sur 160 — . . . . » 95
3728 — 1/2. . . . de 136 sur 180 — 1 05
3729 — **normale** . . de 180 sur 240 (2) — 1 80
3730 — **de** 21 **sur** 27 centimètres 2 40
3731 — **de** 25 **sur** 32 — . . . . 4 »
3732 — **de** 27 **sur** 35 — 4 45
3733 — **de** 30 **sur** 40 — 6 40
3734 — **de** 40 **sur** 50 — 11 75

GLACES ET VERRES DÉPOLIS.

	DIMENSIONS.									
	1/6.	1/4.	Stéréosc.	1/2.	Normale.	21 sur 27	25 sur 32	27 sur 35	30 sur 40	40 sur 50
3735 **Glaces.**	1 »	1 25	1 40	1 60	2 55	3 20	4 55	5 35	7 »	13 50
3736 **Verres.**	» 35	» 40	» 40	» 60	1 »	1 25	1 50	1 75	2 »	2 50

3737 **Verres dépolis très-minces** pour mettre derrière les épreuves stéréoscopiques, la dizaine 1 55

GLACES TRÈS-FORTES POUR PRESSES.

3738 **Pour épreuve** 1/4 . . . . 1 50
3739 — **stéréoscopique** . . . . 2 »
3740 — 1/2 . . . . 2 25
3741 — **normale** 2 5
3742 — **de** 21 **sur** 27 . . . . 3 75
3743 — **de** 25 **sur** 32 . . . . 5 75
3744 — **de** 27 **sur** 35 . . . . 7 »
3745 — **de** 30 **sur** 40 . . . . 9 60
3746 — **de** 40 **sur** 50 . . . . 17 »

Ces glaces ont toutes, à peu près, 4 centimètres de plus, sur chaque sens, que les dimensions auxquelles elles correspondent.

---

(1) Jusqu'alors nous ne donnions à ces glaces qu'une largeur de 80 millim.; la mesure de 85 millim. ayant généralement prévalu, nous l'avons adoptée. Si on les désire à l'ancienne largeur, on devra nous en faire la commande expresse. Il est d'ailleurs facile d'arranger les châssis.

(2) Nous donnons maintenant 24 centimètres de longueur aux glaces de cette dimension : c'est une mesure de glace.

VERRES POUR ÉPREUVES POSITIVES,

BORDS BISELÉS.

3747	**Verres pour épreuves** 1/6	la dizaine.	1	10
3748	— 1/4	—	1	60
3749	— **stéréoscopiques**	—	1	75
3750	— 1/2	—	2	65
3751	— **normales**	—	3	75
3752	— **de** 21 **sur** 27	—	5	50
3753	— **de** 25 **sur** 32	—	9	»
3754	— **de** 27 **sur** 35		11	»
3755	— **de** 30 **sur** 40	—	16	»
3756	— **de** 40 **sur** 50	—	30	»
3757	**Verres très-minces**, non biselés, pour stéréoscope . . .	—	1	10

PLAQUES EN DOUBLÉ

POUR LE DAGUERRÉOTYPE.

			LA DIZAINE.	
			A. Au 30e.	B Au 40e.
3758	**Plaques** 1/9	de 63 sur 72 millimètres. . .	3 »	3 20
3759	— 1/6	de 70 sur 80 — . . .	4 75	5 »
3760	— 1/4	de 80 sur 105 — . . .	6 75	7 50
3761	— **stéréoscopiques**	de 80 sur 140 — . . .	9 50	11 »
3762	— 1/5	de 98 sur 130 — . . .	11 »	12 40
3763	— 1/2	de 120 sur 150 — . . .	14 75	15 75
3764	— **normales** . .	de 162 sur 215 — . . .	31 »	34 »

PAPIERS.

PAPIERS NÉGATIFS ET POSITIFS, NON PRÉPARÉS,

FORMAT COQUILLE (DE 44 SUR 57).

N°	Désignation	A. La main.	B. La rame.
3765	**Papier négatif d'Angoulême**	2 25	40 »
3766	— **d'Annonay**, Canson frères	2 25	40 »
3767	— **de Rives**, Blanchet et Klebber	3 25	60 »
3768	— **de Saxe**, de 46 sur 59, grand format	4 75	85 »
3769	— **anglais**, de Whatman	4 50	80 »
3770	— — de Turner	4 50	80 »
3771	**Papier positif d'Angoulême**	2 50	45 »
3772	— **d'Annonay**, Canson frères	2 75	50 »
3773	— **de Rives**, Blanchet et Klebber	3 50	65 »
3774	— **de Saxe**, de 46 sur 59, grand format	5 »	95 »
3775	— **anglais**, de Whatman	4 50	80 »
3776	— — de Turner	4 50	80 »

PAPIERS NÉGATIFS PRÉPARÉS.

N°	Désignation	LES DIX FEUILLES. A. De 22 sur 28.	B. De 28 sur 44.	C. De 44 sur 57.
3777	**Papier négatif ciré d'Angoulême**	2 »	4 »	8 »
3778	— **d'Annonay**	2 »	4 »	8 »
3779	— **de Rives**	2 »	4 »	8 »
3780	— **de Saxe**	2 25	4 50	9 »
3781	— **anglais**, Whatman	2 25	4 50	9 »
3782	— — Turner	2 25	4 50	9 »
3783	**Papier négatif ciré iodure d'Angoulême**	2 50	5 »	10 »
3784	— — **d'Annonay**	2 50	5 »	10 »
3785	— — **de Rives**	2 50	5 »	10 »
3786	— — **de Saxe**	3 »	6 »	12 »
3787	— — **anglais**, Whatman	3 »	6 »	12 »
3788	— — — Turner	3 »	6 »	12 »
3788 *bis.*	**Cartons** pour transporter les papiers ci-dessus	» 75	1 »	1 50

N°	Désignation		Prix
3789	**Papier ioduré, non ciré**, pour procédé humide (1)	la main.	5 »
3790	— **albuminé ioduré** —	—	6 »
3791	— **albuminé sans sel**, pour le report de négatifs sur verre	—	6 »
3792	— **gélatiné** — pour le même usage	—	9 »

Si ces papiers ne sont pas expédiés avec d'autres, il est indispensable d'y joindre un carton, n° 3788 *bis* A, B ou C, afin d'éviter *les brisures*.

(1) Ce papier est celui dont on se sert pour faire des portraits en voyage ; les clichés qu'on obtient avec n'ont pas autant de finesse que ceux obtenus sur glaces collodionnées, mais ils ont beaucoup d'effet et sont

PAPIERS POSITIFS PRÉPARÉS.

		A. La main.	B. La rame.
3793	**Papier positif salé d'Angoulême**	4 »	75 »
3794	— **d'Annonay**	4 »	75 »
3795	— **de Rives**	5 »	90 »
3796	— **de Saxe**	6 50	120 »
3797	— **anglais**, Whatman	6 50	120 »
3798	— — Turner	6 50	120 »
3799	**Papier positif salé albuminé d'Angoulême**	4 75	85 »
3800	— — **d'Annonay**	4 75	90 »
3801	— — **de Rives**	5 50	100 »
3802	— — **de Saxe**	7 »	130 »
3803	— — **anglais**, Whatman	7 »	130 »
3804	— — — Turner	7 »	130 »
3805	**Papier positif ioduré** pour tirage par le procédé négatif (Canson)	6 »	110 »
3806	— **ioduré albuminé** pour le même usage. —	8 »	150 »

PAPIERS DIVERS.

		DIMENSIONS en centimètres.	A. La main.	B. La rame.
3807	**Papier buvard violet** très-fort	44 *sur* 57	2 50	45 »
3808	— **saumon** —	49 *sur* 64	3 »	55 »
3809	— **rose** —	—	3 50	65 »
3810	— **blanc** —	—	4 50	85 »
3811	**Papier de soie gris**	40 *sur* 54	» 60	11 »
3812	— **blanc**	—	» 70	13 »
3813	**Papier à filtrer gris**	44 *sur* 55	» 60	10 »
3814	— **blanc**	—	» 75	14 »
3815	**Papier jaune** pour laboratoire	62 *sur* 88	1 »	18 »
3816	— **noir** pour monter les passe-partout	48 *sur* 58	2 25	38 »
3817	— **gris fort**	47 *sur* 61	1 25	20 »
3818	— **maroquin**	—	4 »	70 »
3819	**Papier glace** de 33 sur 48	les dix feuilles.		7 50

PAPIERS A FILTRER RONDS

DE M. PRAT.-DUMAS.

3820	**La liasse de 100 feuilles** de 15 centimètres	» 60
3821	— de 19 —	» 75
3822	— de 25 —	1 »
3823	— de 33 —	1 25
3824	— de 40 —	1 50
3825	— de 45 —	1 75
3826	— de 50 —	2 »

très-convenables pour les costumes, les types de race, etc. Ce papier sert encore au tirage des épreuves positives, soit en voyage, soit quand la lumière est faible: les épreuves qu'il produit présentent une grande fixité.

CARTE BRISTOL

POUR COLLER LES ÉPREUVES.

	A. Les dix feuilles.	B. Les cent feuilles.
3827 **Carte Bristol** de 47 sur 64, force en 2	2 60	25 »
3828 — — — en 3	3 50	33 »
3829 — de 49 sur 64 — en 4	5 »	45 »

ENCADREMENTS.

PASSE-PARTOUT (1)

POUR ÉPREUVES SUR PAPIER.

	LA DIZAINE.						
	1/6	1/4	1/3	1/2	Normale.	21 sur 27.	25 sur 32.
3830 **Carte Bristol à 2 fil.** (*fig.* 50)	3 50	5 »	6 »	8 50	12 »	18 »	25 »
3831 — **à bis.** (*fig.* 51)	4 »	6 »	8 »	10 »	14 »	22 »	30 »

Ces passe-partout ont une marge plus grande que ceux pour épreuves sur plaqué, leur extérieur est du format immédiatement au-dessus. On devra tenir compte de cette remarque quand on demandera des cadres.

PASSE-PARTOUT (2)

POUR ÉPREUVES SUR PLAQUES ET SUR VERRE.

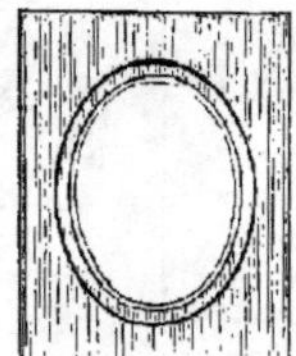

fig. 50.

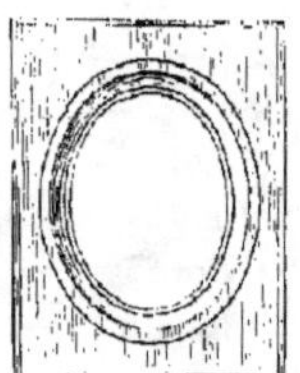

fig. 51.

	LA DIZAINE.					
	1/9	1/6	1/4	1/3	1/2	Normale.
3832 **Peints sur verre,** fil. noirs (*fig.* 50).	2 30	2 50	3 »	5 »	7 »	15 »
3833 — (2) filets or (*fig.* 50).	2 50	2 75	3 50	6 »	8 »	17 »
3834 — (2) **à biseau** (*fig.* 51).	3 25	3 50	4 50	7 »	10 »	20 »

PASSE-PARTOUT ET CARTES

POUR ÉPREUVES STÉRÉOSCOPIQUES.

3835 **Passe-partout** pour épreuves stéréoscopiques (2). La dizaine	4 »
3836 **Cartes Bristol** pour coller les épreuves stéréoscopiques. Le cent. . . .	6 »
3836 *bis.* **Verres dépolis** pour mettre derrière les épreuves stéréoscopiques. La diz.	1 55

(1) Tous nos passe-partout sont faits avec soin; ils ont des verres de premier choix.

(2) Nous avons été forcé d'élever les prix de ces deux sortes de passe-partout, afin de pouvoir les livrer avec des verres satisfaisants.

CADRES.

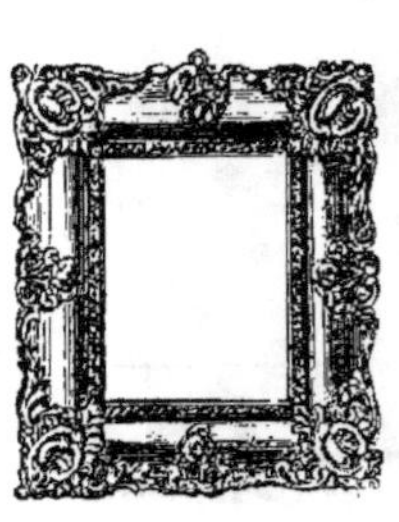
fig. 52.

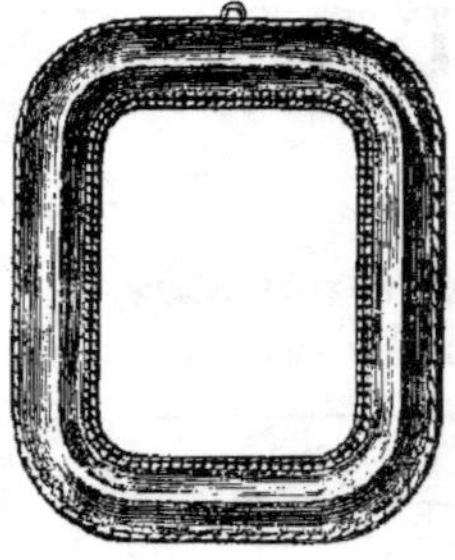
fig. 53.

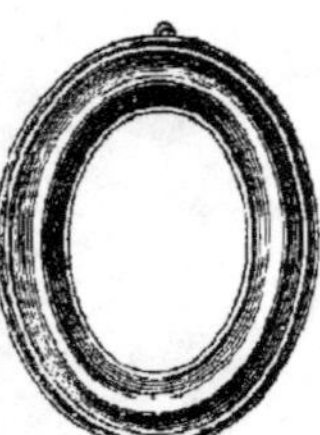
fig. 54.

	LA DIZAINE.		
	A. RENAISSANCE. Applications plastiques (*fig.* 52).	B. COINS RONDS. Baguettes guillochées (*fig.* 53).	C. OVALES. Tournés (*fig.* 54).
3837 **Pour passe-partout** 1/6 pour plaques. . .	4 50	13 »	11 »
3838 — 1/4 — . . .	5 »	14 »	13 »
3839 — 1/3 — . . .	6 »	18 »	17 »
3840 — 1/2 — . . .	10 »	20 »	19 »
3841 — normale — . . .	13 »	30 »	40 »
3842 — normale pour papier .	17 »	40 »	50 »
3843 — **21 sur** 27 — . .	» »	» »	» »
3844 — 25 **sur** 32 — . .	» »	» »	» »

Jusqu'à la dimension normale, les ouvertures de ces cadres correspondent aux grandeurs des passe-partout pour plaques. En conséquence, si les passe-partout auxquels on les destine sont pour papier, on devra les prendre plus grands d'un numéro. Voyez page 61, à la suite du tableau des passe-partout pour papier, la remarque à cet égard.

CADRES DITS GONDOLES OVALES,

CERCLE DORÉ GUILLOCHÉ, AVEC VERRE,

pour recevoir sans passe-partout les épreuves sur plaques et sur verre.

	DIMENSIONS.	1/9	1/6	1/4	1/3	1/2	Normale.
3845 La dizaine.	PRIX. .	10 »	12 »	15 »	20 »	26 »	50 »

ÉCRINS.

	LA DIZAINE.				
	1/9	1/6	1/4	1/3	1/2
3846 **Maroquin, forme ovale**, cercle guilloché doré .	17 »	20 »	23 »	35 »	42 »
3847 — **forme carrée**, genre anglais, fond cuivre sablé et doré.	34 »	40 »	54 »	80 »	95 »

ARTICLES DIVERS.

ALAMBICS EN CUIVRE ÉTAMÉ (*fig.* 55) *AVEC SERPENTIN,*

POUR DISTILLER L'EAU, L'ALCOOL, ETC.

	SANS BAIN-MARIE.		AVEC BAIN-MARIE (*fig.* 56).	
	A. Sans fourneau.	B. Avec fourneau.	C. Sans fourneau.	D. Avec fourneau.
3848 **Alambic de** 1 **litre** de capacité. .	42	50	65	75
3849 — **de** 2 — —	57	67	75	88
3850 — de 5 — —	77	88	110	125
3851 — **de** 10 — —	100	115	195	215
3852 — **de** 20 — —	170	205	265	300

Pour les alambics des colonnes A et B, c'est la contenance de la cucurbite qui est indiquée; pour ceux des colonnes C et D, c'est celle du bain-marie. La cucurbite de ces derniers a ainsi une capacité double : par exemple, celle du n° 3850, C et D, est de dix litres.

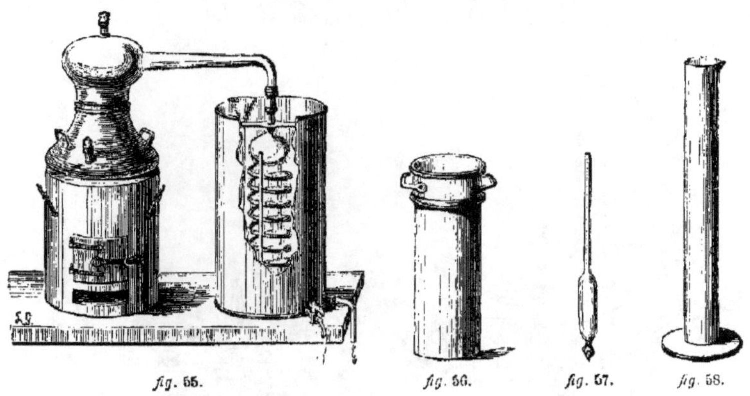

fig. 55. *fig.* 56. *fig.* 57. *fig.* 58.

ARÉOMÈTRES (*fig.* 57).

3853 **Alcoomètre centésimal et Cartier** . . . . 3 »
3854 **Aréomètre Beaumé pour liquides plus lourds** que l'eau (1) . . . . . 2 »
3855 — **pour liquides plus légers** que l'eau (2) . . . . . 2 »
3856 **Densimètre de Gay-Lussac pour liquides plus légers** que l'eau . . . . 3 »
3857 — **pour liquides plus lourds** que l'eau . . . . 3 »
3858 **Volumètre Gay-Lussac pour liquides plus légers** que l'eau . . . . . 3 »
3859 — **pour liquides plus lourds** que l'eau . . . . . 3 »
3860 **Éprouvette** (*fig.* 58) pour recevoir les liquides à peser. . . 1 fr. 50 à 2 »

Le *densimètre* et le *volumètre* de M. Gay-Lussac doivent certainement remplacer tous les

(1) Sous le nom d'*aréomètre de Beaumé* sont compris tous les aréomètres employés dans l'industrie pour peser les liquides plus lourds que l'eau et qui sont vulgairement nommés : *pèse-acide*, *pèse-sirop*, *pèse-sel*, *pèse-savon*, *pèse-lessive*, *pèse-vinaigre*, *pèse-alun*, *pèse-tannin*, *pèse-bière*, *pèse-potasse*, etc., etc. On devra indiquer quels liquides on désire peser avec ces aréomètres.

(2) Aussi nommés *pèse-éther*, *pèse-alcali*, *pèse-huile*, etc. On devra indiquer quels liquides on désire peser avec ces aréomètres.

aréomètres employés dans l'industrie et dont les indications arbitraires n'ont rien de comparable.

Le *densimètre* donne directement la densité du liquide dans lequel il est plongé, soit le poids en grammes d'un litre de ce liquide.

Le *volumètre* indique en centimètres cubes le volume d'un kilogramme du liquide sur lequel on opère. On devra indiquer quel liquide on désire peser avec ces aréomètres.

BALANCES.

BALANCES DITES *TRÉBUCHETS*.

		Pouvant peser	PRIX.
3861	**Trébuchet de poche**, sans support, avec poids . . .	30 gramm.	5 »
3862	— **à colonne**, étriers en laiton — . . .	25 —	20 »
3863	— — — — . . .	50 —	25 »
3864	— — — . . .	100 —	30 »
3865	**Trébuchet** très-soigné, pouvant peser 200 grammes et sensible au centigramme, avec poids (*fig.* 59)		60 »

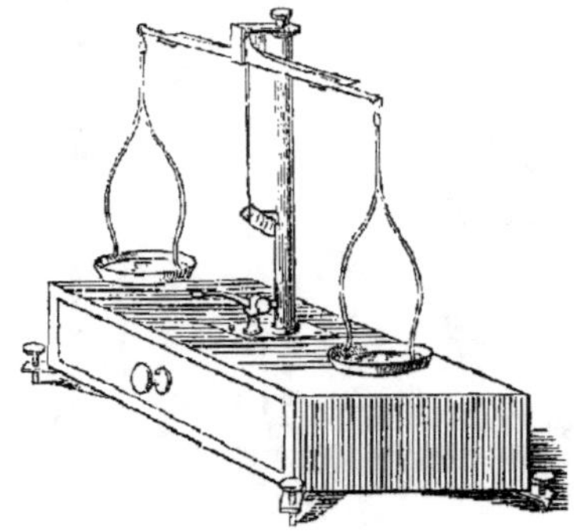

fig. 59. 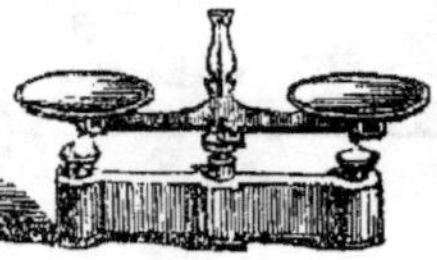 *fig.* 60. 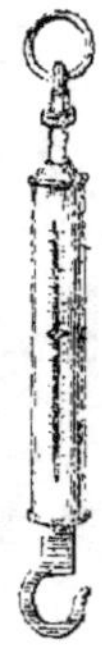 *fig.* 61.

BALANCES DITES DE ROBERVAL (*fig.* 60).

(SANS LES POIDS.)

3866	**Balance** dite **de Roberval**, pouvant peser 1 kilogramme	17 »
3867	— — 2 —	20 »
3868	— — 5 —	27 »
3869	— — 10 —	35 »

Balances à analyses, etc. (*Voir* notre *Catalogue général*.)

PESONS CYLINDRIQUES (*fig.* 61)

A RESSORT A BOUDIN ET CROCHET MOBILE.

3870	**Pesons pour 10 kilogrammes**	6 »
3871	— 20 —	7 »
3872	— 30 —	9 »
3873	— 40 —	18 »
3874	— 50 —	20 »

POIDS EN CUIVRE ET EN FER.

3875	**Série de poids en cuivre, de 100 grammes** jusqu'au gramme	3	»
3876	— **de 200** — —	5	»
3877	— **de 500** — —	7	»
3878	— **de 1 kilogramme.** —	12	»
3879	— **de 2** — —	20	»
3880	**Poids en fer, de 1 kilogramme** . . . . la pièce.	1	»
3881	— **de 2** — . . . . —	1	50
3882	— **de 5** — . . . . —	3	»
3883	— **de 10** — . . . . —	5	»

Poids étalons. *Voir* notre *Catalogue général.*

BASSINES EN CUIVRE (1) (*fig.* 62 A)

ÉTAMÉES DES DEUX CÔTÉS, POUR BAIN-MARIE.

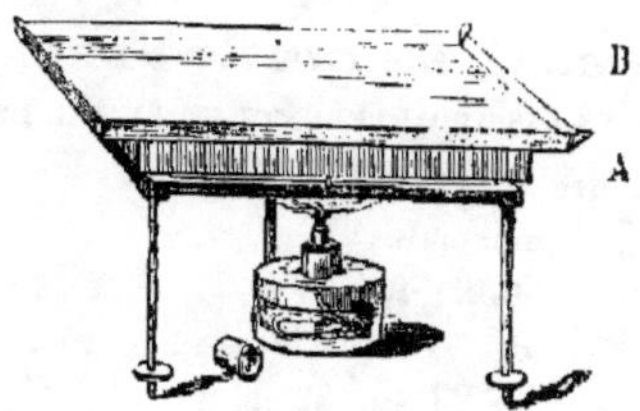

fig. 62.

3884	**Bassine de 14 sur 18** (pour 1/2)	3	»
3885	— **de 18 sur 24** (pour **normale**)	4	»
3886	— **de 21 sur 27**	5	»
3887	— **de 25 sur 32**	6	»
3888	— **de 27 sur 35**	8	»
3889	— **de 30 sur 40**	10	»
3890	— **de 40 sur 50**	14	»
3891	— **de 45 sur 50** pour la feuille entière	25	»

BASSINES EN DOUBLÉ D'ARGENT (1) (*fig.* 62 B)

POUR CIRER LE PAPIER.

		Dimensions des épreuves auxquelles ces bassines sont destinées.	A. Légères.		B. Plus fortes formant cuvette.	
3892	**Bassine de 16 sur 21 centimètres**	1/2	8	»	10	»
3893	— **de 20 sur 27** —	normale.	10	»	13	»
3894	— **de 22 sur 30** —	21 sur 27	11	»	18	»
3895	— **de 27 sur 34** —	25 sur 32	12	»	22	»
3896	— **de 29 sur 38** —	27 sur 35	14	»	27	»
3897	— **de 32 sur 43** —	30 sur 40	18	»	32	»
3898	— **de 43 sur 54** —	40 sur 50	26	»	40	»
3899	— **de 49 sur 65** —	45 sur 59	40	»	60	»

(1) Ces bassines se placent ordinairement sur les supports à vis calantes, page 71, n° 4036 et suivants.

BASSINES DOUBLES POUR CIRER LE PAPIER (*fig.* 62 A et B).

Ces appareils sont composés d'une forte bassine en doublé, soudée sur une bassine étamée, avec ouverture pour verser l'eau et tube pour laisser échapper l'excès de vapeur. Ces appareils sont beaucoup plus commodes que les deux bassines séparées : on n'est pas exposé à renverser l'eau bouillante ni la cire chaude par suite d'un déplacement subit des bassines sur le fourneau. Ils sont aussi beaucoup plus économiques, la flamme d'une lampe à l'alcool suffisant pour y entretenir l'eau à l'état d'ébullition.

3900	**Pour épreuve** 1/2	18	»
3901	— **normale**	24	»
3902	— **de** 21 **sur** 27.	28	»
3903	— **de** 25 **sur** 32.	35	»
3904	— **de** 27 **sur** 35.	45	»
3905	— **de** 30 **sur** 40.	55	»
3906	— **de** 40 **sur** 50.	65	»
3907	— **de** 44 **sur** 57.	80	»

BOITES A ANSE EN GUTTA-PERCHA

POUR TRANSPORTER LES CHASSIS DANS LES APPARTEMENTS ET ÉVITER DE TACHER LE PARQUET.

3908	**Pour châssis de chambre noire** 1/4 et 1/2	9	»
3909	— **normale**	12	»
3910	— **de** 21 **sur** 27	15	»
3911	— **de** 25 **sur** 32	20	»
3912	— **de** 27 **sur** 35	24	»
3913	— **de** 30 **sur** 40	28	»
3914	— **de** 40 **sur** 50	36	»

BOITES DE COULEURS.

3915	**Boîte de couleurs en poudre** pour daguerréotype, composée de 12 tubes de couleurs fines, 2 godets or et argent, avec pinceaux	16	»
3916	— **en tablettes,** contenant 12 pains de couleurs extra-fines, avec pinceaux.	8	»
3917	**La même,** contenant 18 pains	12	»

Ces deux dernières sont destinées à la retouche des épreuves sur papier. Voyez aussi Couleurs, Pinceaux, Godets, etc., pages 103, 104 et 105.

CAPSULES EN PORCELAINE (*fig.* 63)

A BEC, FOND PLAT OU ROND.

fig. 63.

3918	**Capsules de** 3 **centimètres**	»	25
3919	— **de** 4 —	»	35
3920	— **de** 5 1/2 —	»	50
3921	— **de** 7 —	»	60
3922	**Capsules de** 8 **centimètres.**	»	70
3923	— **de** 10 —	»	85
3924	— **de** 11 —	1	15
3925	— **de** 12 —	1	45
3926	— **de** 14 —	1	70
3927	— **de** 15 —	1	90
3928	— **de** 16 —	2	»
3929	— **de** 19 —	3	15

3930	**Capsules de 22 centimètres.**	4	»
3931	— de 25 —	5	70
3932	— de 28 —	7	40
3933	— de 30 —	8	50
3934	— de 33 —	10	20
3935	— de 36 —	16	»

CARTONS PORTEFEUILLES

POUR RENFERMER LES PAPIERS, LES BRISTOL ET LES ÉPREUVES MONTÉES.

3936	**Carton de 50 sur 66, format raisin,** pour bristol et buvard	1	75
3937	— **de 46 sur 59,** format du papier de Saxe	1	75
3938	— **de 44 sur 56, format coquille** (feuille entière)	1	50
3939	— **de 28 sur 44** — 1/2 — (demi-feuille)	1	»
3940	— **de 22 sur 27** — 1/4 — (quart de feuille)	»	75

Le format coquille est celui des papiers photographiques.

CARTONS POUR RENFERMER LES ÉPREUVES

ET LES PAPIERS.

3941	**Pour épreuve** 1/2	»	80
3942	— **normale**	1	»
3943	— **de 24 sur 27**	1	25
3944	— **de 25 sur 32**	1	60
3945	— **de 27 sur 35**	1	75
3946	— **de 30 sur 40**	2	»
3947	— **de 40 sur 50**	2	25

Ces cartons ont dans chaque sens quelques centimètres de plus que les épreuves auxquelles ils sont destinés.

CARTONS AVEC ÉTUI

POUR RENFERMER LE PAPIER CIRÉ IODURÉ.

3948	**Pour** 1/2	2	»
3949	— **normale**	2	50
3950	— **24 sur 27.**	3	»
3951	— **25 sur 32.**	3	50
3952	— **27 sur 35.**	4	»
3953	— **30 sur 40.**	4	50
3954	— **40 sur 50.**	5	»

Même remarque que pour les précédents.

CARTONS FORME-VOLUME

GARNIS DE PAPIER BUVARD, AVEC ÉTUI, POUR RENFERMER LE PAPIER PRÊT A SERVIR.

3955	**Pour épreuve** 1/2	5	»
3956	— **normale**	7	»
3957	— **de 24 sur 27.**	8	»
3958	— **de 25 sur 32.**	8	50
3959	— **de 27 sur 35.**	9	»
3960	— **de 30 sur 40.**	10	»
3961	— **de 40 sur 50.**	12	»

Même remarque que pour les précédents.

COMPTE-SECONDES.

3962 **Métronome** pour compter les secondes et demi-secondes . . . . . . 16 »

3963 **Métrographe** ou **Métronome** à cadran, marquant la seconde avec petite aiguille, marquant jusqu'à 10 minutes, et timbre sonnant toutes les minutes . . . . 20 »

3964 **Id. monté dans une boîte en cuivre**, avec bouton d'arrêt. . . . . . 38 »

3965 **Compte-secondes portatif**, forme de montre, boîte en argent . . . . 55 »

Voyez aussi les **Sabliers compteurs**, page 71.

DYNACTINOMÈTRE ET FOCIMÈTRE DE M. CLAUDET.

FOCABSOLUMÈTRE DE M. SECRETAN.

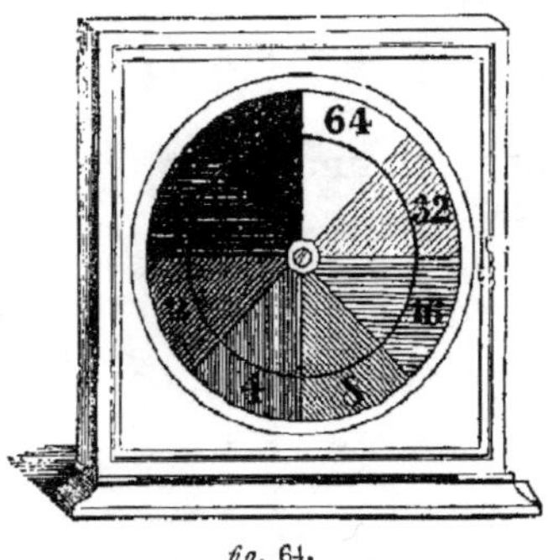

fig. 64.

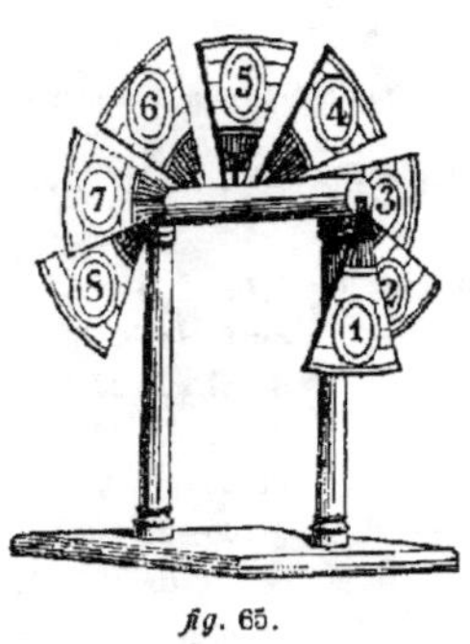

fig. 65.

3966 **Dynactinomètre de M. Claudet** pour comparer la rapidité de divers objectifs (*fig.* 64). . . . . 15 »

3967 **Focimètre du même** pour déterminer les différences entre le foyer visuel et le foyer chimique dans ces objectifs (*fig.* 65). . . . . 15 »

3968 **Focabsolumètre** de M. Secretan pour déterminer le foyer absolu des objectifs. (*Voyez* la brochure *De la distance focale des systèmes optiques convergents.*). . . . . 40 »

ENTONNOIRS EN GUTTA-PERCHA (*fig.* 66).

3969 **Entonnoir en gutta-percha de 125 grammes** . . . . . » 75

3970 — **de** 250 — . . . . . 1 »

3971 — **de** 500 — 1 25

3972 **Série de 6 entonnoirs** entrant les uns dans les autres. . . 6 »

Voyez aussi **Entonnoirs en verre**, page 89, Verrerie.

fig. 66.

FERS A REPASSER

POUR DÉCIRER LE PAPIER ET COAGULER L'ALBUMINE.

3973 **Fers à repasser pleins** nº 3, la paire 2 25

3974 — — nº 4 — . . . . 3 »

3975 — — nº 5 — . . . . 4 »

3976 — — dits de chapelier, très-forts, la paire . . . . . 12 »

3977 — **creux**, avec 2 platines en fonte, — . . . . . . 9 »

FLACONS EN GUTTA-PERCHA.

3978	**Flacon en gutta-percha de 125 grammes**	1	50
3979	— de 250 —	2	»
3980	— de 500 —	3	»
3981	— **de 1 litre.**	4	»
3982	— **de 2** —	7	»
3983	— **de 3** —	9	»
3984	— **de 4** —	12	»
3985	— **de 5** —	13	»
3986	— **de 6** —	14	»

Les 6 derniers numéros se font le plus souvent *de forme cubique*, ils tiennent ainsi moins de place et sont alors parfaits pour emporter une provision d'eau distillée.

Voyez aussi **Flacons en verre**, page 90.

GUTTA-PERCHA.

3987	**Gutta-percha épurée,** pour dissolutions.	le kilog.	8	»
3988	— **en feuilles** de toutes dimensions et épaisseurs pour cuvettes et pour mouler.	—	8	»
3989	— **en tubes** de différents diamètres et épaisseurs conduits et pour albuminer.	—	8 à 12	»

Cadres à manche en gutta-percha (plus bas).
Cuves verticales — *Voir* page 54.
Cuvettes horizontales — — page 51.
Entonnoirs — — page 68.
Flacons — — page 69 (plus haut).
Pissettes — — page 75.
Pots pour les lavages — — page 76.

CADRES A MANCHE EN GUTTA-PERCHA.

3990	**Cadre à manche** pour glace 1/6.	2	75
3991	— — 1/4.	3	»
3992	— — **stéréoscopique**	3	50
3993	— — 1/2.	4	»
3994	— — **normale**	5	»
3995	— — **de 21 sur 27**	6	»
3996	— — **de 25 sur 32**	8	»
3997	— — **de 27 sur 35**	10	»
3998	— — **de 30 sur 40**	12	»
3999	— — **de 40 sur 50**	15	»

ICONOMÈTRES.

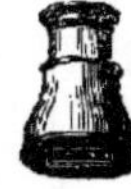
fig. 67.

4000	**Iconomètre de M. Ziégler** (*fig.* 67).	10	»
4001	— — modifié	20	»
4002	— **dit Chercheur,** de M. Taupenot.	8	»

Ces appareils, que leur petit volume rend très-portatifs (ils peuvent se mettre dans la poche), servent, dans les excursions préalables, à déterminer le point où l'on devra se placer pour prendre la vue qu'on désire, et aussi à déterminer la longueur focale de l'objectif qu'on devra employer. Ils sont accompagnés d'une instruction.

LAMINOIRS A SATINER (*fig.* 68).

NOUVEAU MODÈLE SPÉCIAL POUR LES PHOTOGRAPHES

(*sans le banc*).

4003	**Avec plaque d'acier poli**	**de** 24 **sur** 27	115	»
4004	—	**de** 26 **sur** 32	135	»
4005	—	**de** 30 **sur** 40	235	»
4006	—	**de** 35 **sur** 45	320	»
4007	—	**de** 48 **sur** 65	650	»

C'est la dimension de la carte sur laquelle on se propose de monter les épreuves qui devra déterminer les dimensions du laminoir.

Nous pouvons fournir aux mêmes prix des laminoirs dont le parallélisme des cylindres est réglé par deux vis commandées par une même roue dentée; ce modèle offre plus de ressource, mais demande une plus grande pratique : c'est celui qu'emploient les satineurs de profession.

Il est indispensable, pour la France, d'avoir une autorisation du ministère de l'intérieur pour avoir chez soi les instruments propres au satinage des épreuves. Quand nous en livrons, nous devons en faire la déclaration à l'autorité.

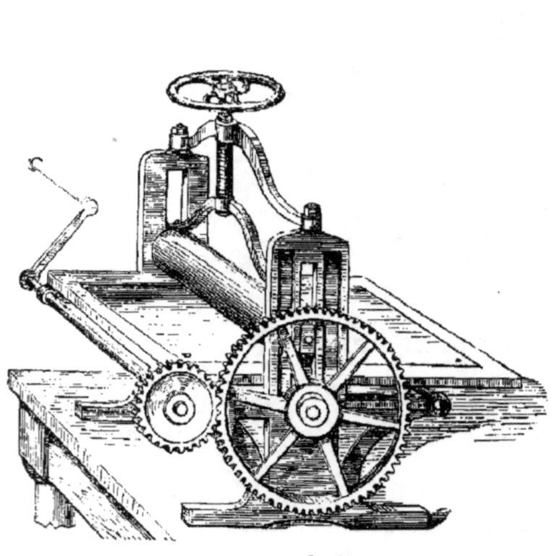

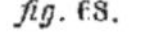

fig. 68.

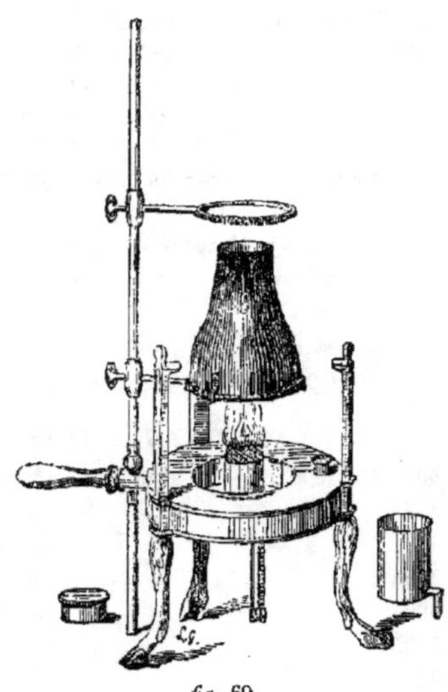

fig. 69.

LAMPES.

4008	**Lampe à l'alcool**, en cristal		2	»
4009	—	**en cuivre**	3	»
4010	—	— à trois becs pour chlorure, etc.	5	»
4011	—	— petit modèle pour entretenir la température du mercure.	2	»
4012	**Lampe à l'huile** avec verre jaune, portative.		4	»
4013	—	dite **modérateur,** avec 3 verres jaunes, 1 rouge, et porte pour avoir de la lumière blanche, à l'usage du laboratoire.	15	»
4014	**Lampe de Berzélius**, à double courant d'air, pouvant servir à l'alcool et à l'huile, avec supports pour les capsules et les creusets, cheminées, etc. (*fig.* 69).		25	»

LOUPES.

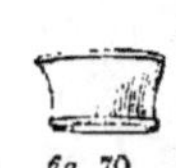
fig. 70.

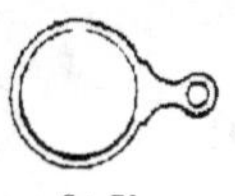
fig. 71.

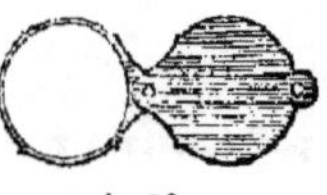
fig. 72.

4015 **Loupe d'horloger** (*fig.* 70) . . . . 2 »
4016 — **achromatique** (*fig.* 70) . . . . 6 »
4017 **Loupe à recouvrement** (*fig.* 153, page 116) . . . . 2 50 à 6 »
4018 — **achromatique** (*fig.* 153, page 116) . . . . . . 8 et 10 »
4019 — **grand diamètre** (6 à 10 cent.), pour regarder les épreuves (*fig.* 71). 8 à 12 »
4020 — semblables, montures à recouvrement (*fig.* 72) . . . . 9 à 15 »

MORTIERS EN PORCELAINE ET EN CRISTAL

AVEC PILON.

	A. En biscuit.	B. Émaillés.
4021 **Mortier de** 8 centimètres, avec pilon	2 »	3 »
4022 — **de** 11 — —	2 85	3 50
4023 — **de** 14 — —	4 »	5 15
4024 — **de** 16 — —	5 15	7 »
4025 — **de** 19 — —	8 »	9 »

4026 **Mortiers en cristal** avec pilon . . . . Le kilogramme. 3 »

SABLIERS COMPTEURS

(A DOUBLE ÉCHELLE, BREVETÉS S. G. D. G.)

4027 **Sablier compteur de 15 secondes,** divisé par secondes . . . . . 1 »
4028 — **de 30 à 45 secondes,** — 1 50
4029 — **de 60 à 90** — — 1 75
4030 — **de 2 minutes,** divisé de 5 en 5 secondes . 1 75
4031 — **de 3, 4, 5 ou 6 min.** — — — 2 »
4032 — **de 8, 10 ou 12** — — de 15 en 15 — 2 50
4033 — **de 15 à 20 minutes,** — — — 3 »
4034 — **de 30 à 40** — — de 30 en 30 — 5 »
4035 — **de 60** — — — — 7 »

L'addition à ces sabliers d'une double planchette à pivot permettant de les retourner instantanément en augmente le prix de 75 centimes.

SUPPORTS A CALER (*fig.* 62, page 65)

POUR LES CUVETTES, LES BASSINES ET LES GLACES.

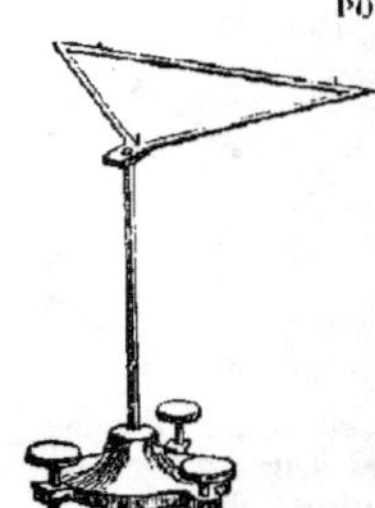
fig. 73.

4036 **Pour épreuve** 1/4 . . . . 8 »
4037 — **1/2 et stéréoscopique** . . . . . 9 »
4038 — **normale** et 21 **sur** 27 . . . . . . 11 »
4039 — 25 **sur** 32 et 27 **sur** 35 . . . . 12 »
4040 — 30 **sur** 40 et 40 **sur** 50 . . . . 16 »

SUPPORTS A CHLORURER (*fig.* 73)

POUR LE DAGUERRÉOTYPE.

4041 **Support à chlorurer** pour 1/4 et 1/6. . . . . . 6 »
4042 — pour 1/2 . . . . 9 »
4043 — pour 1/2 et normale . . . 10 »

THERMOMÈTRES.

		A. A l'alcool.	B. Au mercure.
4044	**Thermomètre pour boîte à mercure,** 1/4.	1 »	2 »
4045	— — 1/2.	1 »	2 »
4046	— — normale	1 »	2 »

Thermomètres usuels et pour la chimie. *Voyez* page 113.

MESURES DE CAPACITÉ.

ÉPROUVETTES CYLINDRIQUES (*fig.* 74).

4047	**Éprouvette cylindrique de 30 grammes,** divisée par gramme	1	75
4048	— de 50 — —	3	»
4049	— de 100 — —	4	»
4050	— de 125 — —	4	50
4051	— de 250 — divisée de 2 en 2 gramm.	5	»
4052	— de 500 — — de 5 en 5 —	6	»
4053	— de 1000 — — de 10 en 10 —	8	»

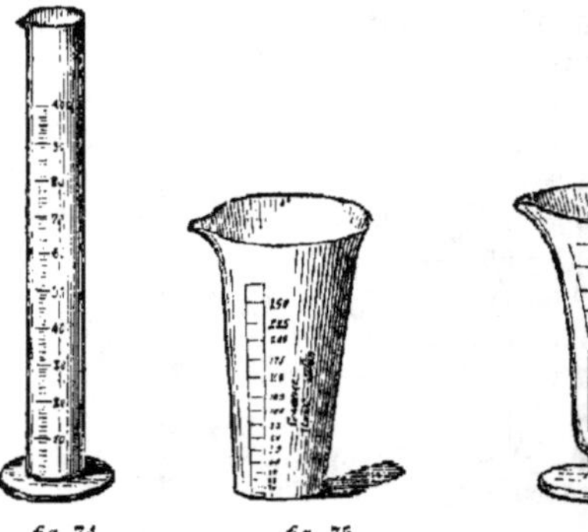

fig. 74. *fig.* 75. *fig.* 76.

MESURES FORME DE VASE OU CONIQUE (*fig.* 75 et 76).

4054	**Mesure divisée de 1 à 30 grammes.**	1	75
4055	— de 1 à 60 —	2	25
4056	— de 2 à 125 —	3	»
4057	— de 5 à 250 —	3	50
4058	— de 10 à 500 —	4	50
4059	— de 20 à 1000 —	6	»

La forme de vase est plus élégante et plus commode, pour certains usages, que celle conique; mais cette dernière forme sera préférée quand ces mesures doivent être placées dans des compartiments. Elle permet aussi de mettre plusieurs de ces vases les uns dans les autres, de sorte que sous le volume du plus grand on peut avoir les six modèles ci-dessus. Le prix de cette série est de 21 francs.

PIPETTES GRADUÉES EN CENTIMÈTRES CUBES.

4060	**Pipette divisée de 2 grammes**	1	75
4061	— de 5 —	2	»
4062	— de 10 —	2	25
4063	— de 15 —	2	50
4064	— de 20 —	3	»
4065	— de 25 —	4	»
4066	— de 50 —	4	75
4067	— de 100 —	6	»

BURETTES DIVISÉES (*fig.* 77)

EN FRACTIONS DE CENTIMÈTRE CUBE.

4068	**Burette de 25 centimètres cubes**	6	»
4069	— de 50 —	7	»
4070	— de 75 —	8	»
4071	— de 100 —	10	»

TUBES DIVISÉS.

4072	**Tube de 25 ou de 50 centimètres cubes**	divisé en 50 parties.	3	»
4073	— de 50 ou de 100 —	— en 100 —	4	»
4074	— de 100 ou de 200 —	— en 200 —	6	»
4075	— de 150 ou de 300 —	— en 300 —	8	»

fig. 77.

Voyez aussi **Flacons divisés**, page 92.

Le volume d'un gramme d'eau distillée, à la température de 4° au-dessus de zéro, est égal à un centimètre cube. On entend par mesure graduée par gramme une mesure dont chaque division équivaut à un centimètre cube.

Mesures en cuivre, étalonnées avec soin. *Voir* notre *Catalogue général.*

Voyez aussi **Mesures de longueur**, page 108.

STÉRÉOSCOPES ET ÉPREUVES.

STÉRÉOSCOPES.

4076	**Stéréoscopes** en bois de marronnier	7	50
4077	— **en acajou**	8	»
4078	— **en palissandre**	10	»
4079	**Pieds de stéréoscopes.** de 8 » à	20	»

ÉPREUVES STÉRÉOSCOPIQUES.

4080	**Épreuves sur papier,**	Paris et ses environs	La dizaine.	6	50
4081	—	Bretagne	—	9	»
4082	—	—	—	10	»
4083	—	midi de la France	—	10	»
4084	—	les Pyrénées.	—	12	»
4085	—	Pompeï	—	8	»
4086	—	Naples	—	8	»

4087 **Épreuves sur papier,** Italie . . . . La dizaine. 12 »
4088 — Espagne . . . . — 12 »
4089 — Égypte. . . . . — 24 »
4090 — statuettes de Pradier. . . . . — 10 »
4091 — études d'arbres. . . . . — 7 »
4092 — paysages anglais. . . . . — 12 »
4093 — paysages animés (extra) . . . . . — » »
4094 — scènes animées en noir. . . . . . — 12 »
4095 — — coloriées . . . . . — 16 »
4096 — groupes anglais en noir. . . . . . — 24 »
4097 — — coloriés . . . . . — 30 »
4098 **Épreuves sur plaqué,** diverses . . . . La pièce. 3 »
4099 — statuettes de Pradier. . . . . . . — 3 50
4100 **Épreuves sur verre,** vues diverses . . . . — 4 »
4101 — — très-soignées . . . . — 5 »
4102 — — — de Suisse . . . . — 6 »
4103 **Boîtes à rainures** en bois blanc ou en noyer, pour épreuves sur verre, de 12 à 36 rainures. . . . . . . de 4 75 à 6 »

ACCESSOIRES.

4104 **Caoutchouc en feuilles** de toutes épaisseurs et dimensions, le kilog. . 16 à 25 »
4105 — **en tubes** de 1/2 mill. à 12 mill. de diamètre . . — 20 à 80 »
4106 **Carte blanche** pour épreuves sur collodion transporté. Les 10 feuilles. 7 50
4107 **Chevalet** pour placer les estampes, dessins et les tableaux à reproduire . 25 »
4108 **Cire à modeler,** le bâton, 25 centimes. . . . . Les 250 grammes. 1 25
Compte-secondes. *Voyez* page 68 et Sabliers compteurs, page 71.
4109 **Coton à polir,** le paquet de 200 grammes. . . . . 2 »
Bouchons en liége. *Voyez* page 98.
4110 **Diamant à écrire,** suivant la force du grain . . . . 3 f. 50 à 6 »
4111 — **à couper** — . . . . 14 à 20 »
4112 — — **dit rabot,** pour couper les glaces fortes . . . . 35 à 60 »
4112 *bis.* **Doigtiers en caoutchouc** . . . . La dizaine. 1 50
4113 **Entonnoir en buis** pour transvaser le mercure . . . . 1 »
4114 — **en verre soufflé** pour le filtrer . . . . 1 »
— **en verre.** *Voyez* page 89.
— **en gutta-percha.** *Voyez* page 68.
4115 **Épingles anglaises** . . . . Les 100 grammes. 1 »
4116 — **noires** pour suspendre les papiers. — 1 50
Voyez aussi **Pinces** pour le même usage page 75.
4117 **Flacons en buis** pour contenir 250 grammes de mercure 1 50
4118 — — 500 — — . . . . . 2 »
4119 — — 1 kilogramme — . . . . . 3 »
4120 **Flacon en buis pour les poudres à polir,** avec gaze, couvercle à vis, s'emplissant facilement. . . . . 2 »

Les flacons pour les poudres à polir sont d'une grande commodité.

Flacons en verre. *Voyez* page 90.
— **en gutta-percha.** *Voyez* page 69.
Gutta-Percha. *Voyez* page 69.

4121	**Fil à plomb,** pointe en acier	5	»
4122	**Fourneau en fonte,** carré, pour chauffer les fers et les bassines, pour la photographie	8 à 10	»
4123	**Fourneau en tôle garnie de terre,** petit modèle, dit à main	2 à 3	»
4124	— **en terre,** dit fourneau à main	1 à 2	»

Fourneaux divers. *Voir* notre *Catalogue général.*
Mesures de capacité. *Voyez* page 72.
— **de longueur.** *Voyez* page 108.

4125 **Monture de fonds** pour le voyage . . . .

fig. 78.

4126	**Niveau à bulle d'air,** fiole rodée divisée, de 11 cent., avec étui (*fig.* 78).	4	»

— **divers.** *Voyez* page 110.
Outils divers. *Voyez* page 101.

4127	**Peau de daim** véritable, pour le polissage des plaques, suivant la grandeur et la beauté	15 à 30	»
4128	— **de mouton chamoisé,** pour nettoyer les glaces, les objectifs, etc., suivant la grandeur et la qualité	3 à 10	»
4129	**Pinces en buffle** pour retirer les papiers des bains	1	»
4130	— **en bois,** bouts en gutta-percha, pour suspendre les papiers	»	50
4131	— — plus fortes, avec ressort	1	»
4132	— **en cuivre argenté** pour le même usage	1	50
4133	— **plates** en acier pour sécher les plaques et courber les coins	1	25
4134	— **coupantes**	3	50

Voyez aussi page 101 **Outils divers.**

4135	**Pinceaux** en soies de porc, montés en fil verni, pour les lavages	35	»
4136	— pour enlever la poussière sur les glaces	2 à 3	»
4137	— pour le coloriage des épreuves de daguerréotype	»	50

— **divers.** *Voyez* page 105.

4138	**Pissette en gutta-percha,** s'emplissant sans s'ouvrir, pour les lavages	7	»
4139	— **en verre** (*fig.* 79)	1	25

fig. 79. *fig.* 80.

4140	— — avec tube à bouche (*fig.* 80)	1	50

Les deux premiers modèles sont plus spécialement destinés aux lavages photographiques, pour lesquels on a besoin d'un filet d'eau continu. Le dernier modèle est celui qu'emploient les chimistes; on en fait sortir le liquide en comprimant l'air avec la bouche.

4141 **Pot en gutta-percha** (*fig.* 81) pour le même usage, de 750 grammes . 4 »
4142 — — de 1,500 — 6 »

Poudrière en buis. *Voyez* page 74, n° 4120.)

4142 *bis.* **Recourboir pour biseauter les plaques** . . . . 8 »

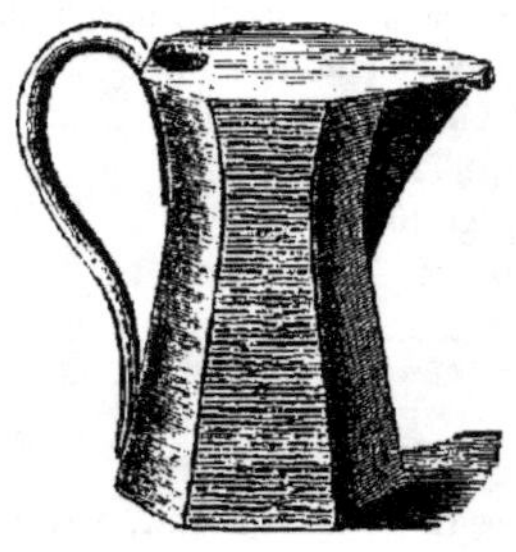

fig. 81.

4143 **Toile noire,** percaline, de 110 cent. de large . . . . Le mètre. 1 50
4144 — **jaune** — de 82 — pour laboratoire. — 1 50
4145 — **rouge,** même largeur, pour le même usage . . . . — 2 à 3 »
4146 — **blanche,** calicot, de 215 de large, pour fonds. . . . — 2 50
4147 — **teinte,** — — — — 7 »

On devra nous donner un échantillon de la teinte qu'on désire; on ne devra néanmoins pas compter sur une grande conformité; la livraison n'en sera faite que dans le délai d'un mois, cette étoffe devant être teinte exprès et *à deux fois.*

4148 **Toile noire** doublée de 160 centimètres de côté, pour la mise au foyer. . 12 »
4149 — **très-grande,** de 1 m. 80 sur 5 mètres, doublée en jaune, pour mettre autour du pied, afin de changer dessous les feuilles impressionnées. . . . . 45 »
4150 **Triangle en verre** pour immerger le papier dans les bains, de 15 cent. de côté (*fig.* 82) . . . . » 75
4151 — semblable, de 20 centimètres de côté . . . . . 1 »
4152 — — de 25 — 1 50

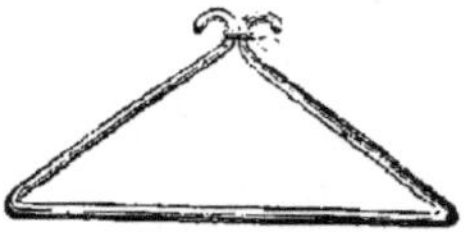

fig. 82. 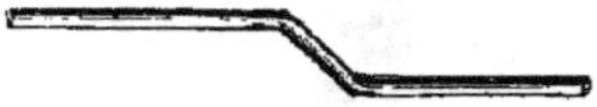 *fig.* 83.

4153 **Tube en verre courbé,** pour le même usage (*fig.* 83). . . . . » 75
4153 *bis.* **Ventouses en caoutchouc.** 3 25
4154 **Verre jaune,** le décimètre carré de surface . . . . » 15
4155 — — la feuille de 57 sur 75 . . . . 5 »
4156 — **rouge,** le décimètre carré de surface . . . . » 25
4157 — — la feuille de 57 sur 75 . . . . 9 »

PRODUITS CHIMIQUES.

Le nombre des substances employées en photographie devenant chaque jour plus considérable, nous avons dû faire de notables additions à cette partie de notre catalogue. Par suite, afin qu'il soit plus facile d'y trouver les produits principaux, spéciaux à chaque genre de photographie, nous les avons divisés en trois classes auxquelles nous avons donné les titres suivants :

1° Produits chimiques pour la photographie sur papier, sur collodion et sur albumine ;

2° Produits chimiques pour la photographie sur plaqué (daguerréotype) et poudres à polir;

3° Produits chimiques divers.

Dans les deux premiers chapitres, nous avons éliminé les produits qui ne sont pas de première nécessité, n'y faisant figurer que ceux consacrés par l'usage. Le troisième chapitre est un répertoire complet : il contient, classés par ordre alphabétique, les produits des deux précédents chapitres; de plus, ceux de même nature, mais d'un usage moins répandu : les substances d'une utilité générale, les réactifs, enfin les produits susceptibles de trouver leur emploi dans les laboratoires des photographes.

REMARQUES ESSENTIELLES.

Les prix de la colonne A étant fixés pour les poids en regard, on devra, pour les quantités moindres, compter sur une augmentation proportionnelle, surtout pour les produits dans le prix desquels le flacon entre pour une grande part. Dans la colonne B, on trouvera des prix relativement moins élevés; mais, pour les mêmes raisons, ces prix ne sont applicables qu'aux substances prises au kilogramme (1).

Les produits le plus généralement employés de chaque nature sont précédés de ce signe *.

PRODUITS CHIMIQUES POUR LA PHOTOGRAPHIE

SUR PAPIER, SUR COLLODION ET SUR ALBUMINE

		A. QUANTITÉS DIVERSES (en un seul flacon).			B. LE KILOG. avec UN FLACON comme ci-contre.
		POIDS.	PRIX.	AVEC FLACON	PRIX.
		grammes.	fr. c.		fr. c.
4158	**Acide acétique** cristallisable	250	4 »	bouché à l'émeri	14 »
4159	— **azotique** pur.	250	1 50	—	4 »
4160	— — du commerce. . . .	250	» 90	—	2 »
4161	— **chlorhydrique** pur	250	1 50	—	4 »
4162	— — du commerce. .	250	» 90	—	1 50
4163	— **citrique**	100	1 50	col droit.	13 »
4164	— **gallique**	100	5 »	—	45 »
4165	— **pyrogallique**.	25	4 50	—	160 »
4166	— **sulfurique** pur	250	1 50	bouché à l'émeri	3 50
4167	— — du commerce . . .	250	» 80	—	1 25
	— **divers.** *Voyez* page 81.				

(1) Il est clair, par exemple, que cinq flacons de 20 grammes coûtent plus cher qu'un seul de 100 grammes; de même qu'il faut plus de temps pour apprêter cinq flacons de 20 grammes qu'un seul de 100 grammes.

4168	**Alcool absolu**	250	3 50	bouché à l'émeri	12 »
4169*	— **rectifié** à 40°	250	1 75	—	5 50
4170*	— — à 36°	250	1 50	—	4 »
4171	— — à 32°	250	1 25	—	3 50
4172	— **à brûler**	500		goulot ordin.	
4173*	**Ammoniaque** pure	250	1 50	bouché à l'émeri	4 50
4174	— du commerce	250	» 80	—	1 50
4175*	**Azotate d'argent** cristallisé	100	18 50	col droit.	180 »
4176	— fondu blanc	100	20 »	—	195 »
4177	— — gris	100	19 50	—	190 »
4178	**Azotate d'urane**	50	4 25	—	80 »
	— **divers.** *Voyez* page 82.				
4179	**Bromure d'ammonium**	10	» 75	—	55 »
4180	— **de cadmium**	10	1 »	—	70 »
4181	— **de potassium**	100	4 25	—	40 »
4182	— —	10	» 75	—	40 »
	— **divers.** *Voyez* page 82.				
4183	**Cadmium** métallique laminé	10	» 75	—	45 »
	Chlorhydrates. *Voyez* Chlorures.				
4184*	**Chlorure d'ammonium**	250	1 50	—	4 75
4185	— **de barium**	100	1 »	—	6 »
4186	— **d'or** cristallisé	1	2 80	bouché larg. ouv.	»
4187*	— **de sodium** pur	250	» 75	col droit.	2 »
	— **divers.** *Voyez* page 83.				
4188	**Cire vierge**	500	4 »	sans flacon.	8 »
4189	**Collodion normal** épais	250	4 »	bouché à l'émeri	14 »
4190	— **prêt à iodurer**	250	3 75	—	13 »
4191	— **photographique** (ioduré)	100	2 50	—	20 »
4192	**Coton azotique** pour collodion	50	4 »	col droit.	60 »
4193	**Coton cardé** par paquet de 200 grammes	200	2 »	sans flacon.	8 »
4194	**Cyanure de potassium**	50	1 25	col droit.	20 »
4195	**Dextrine**	250	» 75	—	1 75
4196	**Eau distillée** (1 litre)	1000	» 30	sans flacon.	» 30
4197	**Éther sulfurique** rectifié à 65°	250	3 50	bouché à l'émeri	10 »
4198*	— — à 62°	250	2 50	—	8 »
4199	— — à 56°	250	2 25	—	7 »
	Éthers divers. *Voyez* page 84.				
	Fluorures. *Voyez* page 84.				
4200	**Hyposulfite de soude**	500	1 45	col droit.	2 60
4201	— Le kilogramme	»	» »	sans flacon.	2 »
4202	**Iode sublimé**	10	1 »	large ouv. bouc.	55 »
4203	**Iodure d'ammonium**	25	2 25	—	70 »
4204	— **de cadmium**	25	2 25	col droit.	75 »
4205	— **de potassium**	100	5 »	—	45 »
4206	— **de zinc**	25	2 25	large ouv. bouc.	70 »
	Iodures divers. *Voyez* page 85.				
4207	**Kaolin**	250	» 75	col droit.	2 »
4208	**Noir d'ivoire** très-pur	250	1 25	—	4 »

4209 **Protosulfate de fer** pur	500	1 »	col droit.	1 75
4210 **Sel d'or de Fordos et Gélis**	1	3 »	large ouv. bouc.	»
4211 — **de Engler et Gaudin**	1	3 »	—	»
4212 **Sucre de lait**	250	1 50	col droit.	5 »
4213 **Teinture de tournesol**	100	1 25	bouché à l'émeri	6 »
4214 **Tournesol en pains**	100	1 50	col droit.	10 »
VERNIS PHOTOGRAPHIQUES.				
4215* **Vernis blanc** pour négatives et positives sur verre	100	1 60	goulot ordin.	14 »
4216 — — **pour positives** sur papier.	100	2 25	—	20 »
4217 — **rose** —	100	2 25	—	20 »
4218 — **noir pour positives** directes sur verre	100	1 50	—	12 »
4219 — **encaustique** pour positives sur papier	50	2 »	col droit.	30 »

PRODUITS CHIMIQUES POUR PHOTOGRAPHIE

SUR PLAQUÉ (DAGUERRÉOTYPE)

ET POUDRES A POLIR.

	A. QUANTITÉS DIVERSES (en un seul flacon).			B. LE KILOG. avec UN FLACON comme ci-contre
	POIDS.	PRIX.	AVEC FLACON	PRIX.
	grammes.	fr. c.		fr. c.
4220* **Acide azotique** pur	100	» 80	bouché à l'émeri	4 »
4221 — du commerce.	100	» 65	—	2 »
4222 **Alcool** rectifié à 40°	500	3 25	—	5 50
4223 — — à 36°	500	2 25	—	4 »
4224 — — à 32°	500	2 10	—	3 50
4225 **Ammoniaque** pure	100	1 »	—	4 50
4226 **Benzine Collas.**	100	1 25	goulot (le litre).	»
4227 **Brome** pur	25	2 »	bouché à l'émeri	50 »
4228 **Bromure de chaux** (Chaux bromée)	250	5 50	—	20 »
4229 — **d'iode** concentré	25	2 50	—	60 »
4230 — — prêt à servir	500	2 50	—	4 »
4231 **Chaux hydratée**	500	» 75	col droit.	1 25
4232 **Chlorobromure de chaux** (Chaux chlorobromée.)	100	5 »	bouché à l'émeri	40 »
4233 — **d'iode** concentré	25	2 »	—	60 »
4234 — — prêt à servir.	500	2 50	—	4 »
4235 **Chlorure de brome**	25	2 »	—	60 »
4236 — **d'iode**	25	2 »	—	»
4237 — **d'or** solide.	1	2 80	large col. bouc.	»
4238 — — préparé pour fixer.	500	2 75	bouché à l'émeri	5 »

4239 **Cyanure de potassium**.	25	» 75	col droit.	20 »
4240 **Eau distillée**..	1000	» 30	sans flacon.	» 30
4241* **Essence de citron**	50	3 »	bouché à l'émeri	45 »
4242 — **de lavande**	100	2 »	—	19 »
4243 — **de naphte**	100	2 »	—	16 »
4244 — **de térébenthine** rectifiée. . .	250	1 50	—	3 50
4245 **Huile de pétrole** acidulée	100	1 50	—	10 »
4246 **Hyposulfite de soude**	250	1 »	col droit.	2 60
4247 **Iode pur**	100	6 »	large ouv bouc.	55 »
4248 **Liqueur Thierry**, avec instruction . .	200	6 »	bouché à l'émeri	»
4249 **Mercure distillé**	500	6 »	—	11 »
4250 **Sel d'or** de MM. Fordos et Gélis . . .	1	3 »	large ouv. bouc.	»
4251 — de M. Engler.	1	3 »	—	»
Pour les autres produits, *voyez* page 77 et suivantes, et page 81 et suivantes.				
POUDRES A POLIR.				
4252 **Ponce impalpable**	250	1 »	col droit.	3 50
4253 **Potée d'émeri**.	100	» 60	—	4 »
4254* **Rouge à polir**	100	2 50	—	20 »
4255* **Terre pourrie**.	250	1 25	—	4 »
4256* **Tripoli calciné**	250	2 25	—	8 »
4257 **Craie lévigée** pour le nettoyage des glaces	500	2 40	sans flacon.	4 »
4258 **Potée d'étain**, id., id.	100	» 80	—	6 »
4259 **Coton à polir** par paquet de 200 gram.	200	2 »	—	8 »

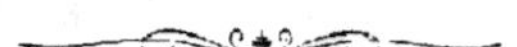

PRODUITS CHIMIQUES DIVERS.

RÉPERTOIRE GÉNÉRAL CONTENANT TOUS LES PRODUITS EMPLOYÉS

POUR LA PHOTOGRAPHIE, LA GALVANOPLASTIE ET LA CHIMIE,

LES PRODUITS USUELS ET LES RÉACTIFS.

NOTA. Les produits d'un usage répandu en photographie sont indiqués en caractères plus forts. Voyez aussi les observations en tête de la page 77.

		A. QUANTITÉS DIVERSES (en un seul flacon).				B. LE KILOG. avec UN FLACON comme ci-contre.	
		POIDS.	PRIX.		AVEC FLACON	PRIX.	
	ACÉTATES.	grammes.	fr.	c.		fr.	c.
4260	**Acétate** d'alumine pur	100	1	30	bouché à l'émeri	10	»
4261	— d'ammoniaque cristallisé pur	25	2	50	—	80	»
4262	— — liquide	125	1	»	—	4	»
4263	— d'argent cristallisé	2	1	»	col droit.	»	»
4264	— de baryte	100	2	50	—	20	»
4265	— de chaux cristallisé pur	100	1	»	—	8	»
4266	— de cuivre	100	1	»	—	7	»
4267	— de fer liquide	100	1	15	bouché à l'émeri	7	»
4268	— de magnésie	50	1	15	col droit.	20	»
4269	— de manganèse cristallisé pur	10	1	»	—	»	»
4270	— de nickel	10	1	»	—	80	»
4271	— de plomb	100	1	»	—	6	»
4272	— de potasse	100	1	»	—	6	»
4273	— de soude purifié	100	»	65	—	4	»
4274	— d'urane cristallisé	10	2	»	—	160	»
4275	— de zinc	100	1	50	—	12	»
	ACIDES.						
4276	**Acide acétique cristallisable**	100	2	»	bouché à l'émeri	14	»
4277	— — ordinaire (pyroligneux)	500	2	50	—	4	»
4278	— **azotique** pur	100	1	»	—	4	»
4279	— — **du commerce**	500	1	50	—	2	»
4280	— — monohydraté	100	1	25	—	8	»
4281	— borique cristallisé	100	»	80	col droit.	6	»
4282	— bromhydrique	10	1	75	bouché à l'émeri	»	»
4283	— bromique	1	1	»	—	»	»
4284	— camphorique	1	1	»	—	»	»
4285	— **chlorhydrique** pur	100	»	80	—	4	»
4286	— — **du commerce**	500	1	50	—	1	50
4287	— **citrique**	100	1	15	col droit.	13	»
4288	— formique	10	2	25	bouché à l'émeri	»	»
4289	— **gallique**	50	2	75	col droit.	45	»
	— **hydrochlorique** (Chlorhydrique).						
4290	— iodhydrique	10	2	»	bouché à l'émeri	140	»
4291	— iodique	1	1	»	—	»	»

	Acide nitrique. *Voyez* Azotique.				
4292	— **pyrogallique**	10	2 »	col droit.	100 »
4293	— stéarique	100	» 75	—	5 »
4294	— succinique pur	10	2 »	—	» »
4295	— sulfhydrique	250	1 25	bouché à l'émeri	3 »
4296	— **sulfurique** pur	100	» 90	—	3 50
4297	— — **du commerce**	500	1 »	—	1 25
4298	— tannique (tannin)	100	4 »	col droit.	30 »
4299	— tartrique cristallisé	100	1 »	—	8 »
4300	Albumine desséchée	100	3 »	—	20 »
4301	**Alcool** absolu	100	1 75	bouché à l'émeri	12 »
4302	— rectifié à 40°	500	3 25	—	5 50
4303	— — à 36°	500	2 50	—	4 »
4304	— — à 32°	500	2 25	—	3 50
4305	— à brûler à 36°	250	» 90	goulot ordinaire.	2 75
4306	Aldéhyde	10	3 »	bouché à l'émeri	» »
4307	Alun pur	100	1 »	col droit.	8 »
4308	**Ambre jaune**, succin jaune	100	1 60	—	14 »
4309	Amiante longue	100	1 15	—	9 »
4310	Amidon	100	» 50	—	1 50
4311	**Ammoniaque pure**	500	2 75	bouché à l'émeri	4 50
4312	— **ordinaire**	500	1 25	—	1 50
	AZOTATES. (*Nitrates.*)				
4313	**Azotate** d'alumine pur, liquide	100	1 50	—	10 »
4314	— d'ammoniaque pur	100	1 »	col droit.	10 »
4315	— **d'argent** cristallisé	50	10 »	—	180 »
4316	— — **fondu blanc**	50	10 50	—	195 »
4317	— — **fondu gris**	50	10 »	—	190 »
4318	— de baryte pur	100	1 »	—	7 »
4319	— — ordinaire	250	1 »	—	3 »
4320	— de chaux pur	100	» 80	—	6 »
4321	— de cuivre	100	1 15	bouché à l'émeri	8 »
4322	— de magnésie	100	2 »	—	15 »
4323	— de plomb pur	100	» 80	col droit.	6 »
4324	— **de potasse**	250	1 15	—	3 »
4325	— — **ordinaire**	250	» 75	—	2 »
4326	— de soude pur	100	» 65	—	4 »
4327	— **d'urane**	25	2 50	—	80 »
4328	— **de zinc** cristallisé	100	1 50	bouché à l'émeri	7 »
4329	— — fondu	100	1 80	—	10 »
4330	**Bain d'argent** pour l'électrotypie	500	3 75	—	6 50
4331	— d'or —	500	10 »	—	19 »
4332	— de platine —	500	6 50	—	12 »
4333	Baume du Canada	25	1 50	col droit.	50 »
4334	**Benzine rectifiée**	250	2 25	bouché à l'émeri	3 75
4335	— — **par Collas**	100	1 25	goulot (le litre).	» »
	Bismuth. *Voyez* Métaux.				
4336	**Bitume de Judée**	200	1 »	col droit.	4 »
4337	Borax raffiné	100	» 60	—	3 50
4338	— fondu pur	100	1 75	—	15 »
4339	**Brome pur**	10	1 »	bouché à l'émeri	50 »
4340	**Bromoforme**	1	1 50	—	» »
	BROMURES. (*Hydrobromates ou bromhydrates*).				
4341	**Bromure d'ammonium**	25	1 75	col droit.	55 »
4342	— d'argent	1	» 60	—	» »

4343	**Bromure de barium**	10	1 25	col droit.	100 »
4344	— **de cadmium**.	25	2 »	—	70 »
4345	— de calcium	10	1 50	bouché à l'émeri	100 »
4346	— **de chaux.** *Voy.* Chaux bromée.				
4347	— **d'iode** concentré.	100	7 »	—	60 »
4348	— — prêt à servir. . . .	250	1 75	—	4 »
4349	— **de potassium**	50	2 25	col droit.	40 »
4350	— **de sodium**	10	1 »	—	60 »
4351	— **de zinc**	10	1 »	bouché à l'émeri	60 »
	Cadmium laminé. *Voyez* Métaux.				
4352	Camphre	100	1 »	col droit.	8 »
4353	**Carbonate** d'ammoniaque	100	1 »	bouché à l'émeri	5 »
4354	— de potasse pur	100	1 50	—	10 »
4355	— — ordinaire . . .	250	1 75	—	4 »
4356	— de soude cristallisé, pur . .	100	1 »	—	6 »
4357	**Céroléine**	100	1 25	—	9 »
4358	**Chaux bromée** (dite *bromure de chaux*).	100	3 »	—	20 »
4359	— **chlorobromée** (*chlorobromure de chaux*).	50	3 »	—	40 »
4360	— **hydratée**	500	» 75	col droit.	1 25
4361	Chlorate de potasse pur.	50	1 45	—	18 »
4362	— du commerce . .	100	1 »	—	8 »
	Chlorhydrate. *Voyez* Chlorures.				
	Chlorobromure de chaux. *Voyez* Chaux chlorobromée.				
4363	**Chlorobromure d'iode** concentré. . .	50	3 50	bouché à l'émeri	60 »
4364	— — prêt à servir. .	250	1 50	—	4 »
4365	**Chloroforme**	100	2 50	—	20 »
	CHLORURES.				
	(*Chlorhydrates ou hydrochlorates.*)				
4366	**Chlorure** d'aluminium	10	1 »	—	60 »
4367	— **d'ammonium**	500	2 50	col droit.	4 75
4368	— **de barium**	250	1 25	—	4 »
4369	— **de brome**.	25	2 »	bouché à l'émeri	60 »
4370	— **de cadmium**.	10	1 »	col droit.	» »
4371	— de calcium cristallisé . . .	250	2 »	bouché à l'émeri	4 50
4372	— — desséché . . .	500	2 25	—	3 »
4373	— **d'iode**.	25	2 »	—	60 »
4374	— de fer cristallisé.	100	2 »	—	12 »
4375	— de magnésium fondu	100	2 »	—	13 »
4376	— **de mercure** (*protochlorure*). .	100	1 50	col droit.	12 »
4377	— — (bichlorure) . .	100	1 50	—	12 »
4378	— de nickel	10	2 »	bouché à l'émeri	» »
4379	— **d'or** cristallisé	1	2 80	—	» »
4380	— — préparé pour fixer . .	250	1 75	—	5 »
4381	— d'or et de sodium	1	2 50	—	» »
4382	— de palladium.	1	2 »	—	» »
4383	— de platine.	1	1 25	—	» »
4384	— de plomb cristallisé. . . .	100	2 60	col droit.	24 »
4385	— de potassium fondu. . . .	100	1 »	—	8 »
4386	— **de sodium** pur	500	1 25	—	2 »
4387	— **de zinc** desséché.	100	1 75	bouché à l'émeri	12 »
	CHROMATES ET BICHROMATES.				
4388	**Chromate** d'ammoniaque	25	2 25	col droit.	65 »
4389	— de plomb.	100	1 30	—	12 »
4390	— **de potasse** jaune.	100	» 80	—	7 »
4391	**Bichromate** d'ammoniaque	25	2 25	—	65 »

4392	**Bichromate** de plomb	100	1 25	col droit.	10 »
4393	— **de potasse** rouge	100	» 75	—	5 »
4394	**Cire vierge**	500	4 »	sans flacon.	8 »
4395	— jaune	»	»	—	» »
4396	— à modeler	250	1 25	—	10 »
4397	Citrate de fer ammoniacal	50	1 50	col droit.	» »
4398	**Colle de poisson**	50	3 25	—	60 »
4399	**Colle forte** de Givet	»	»	sans flacon.	» »
4400	— **liquide**	»	» 40	goulot ordinaire.	» »
4401	**Collodion normal** épais	500	7 50	bouché à l'émeri	14 »
4402	— — prêt à iodurer	500	6 50	—	13 »
4403	— photographique	100	2 50	—	20 »
4404	**Coton à polir** (par paquets de 200 gram.)	200	2 »	sans flacon.	8 »
4405	**Coton azotique** pour collodion	100	6 50	col droit.	60 »
4406	**Craie lévigée** pour nettoyer les glaces	250	1 25	—	4 »
4407	Crème de tartre cristallisée	100	» 70	—	5 »
4408	— soluble	100	1 25	—	10 »

CYANURES.

4409	**Cyanure** d'argent	5	2 »	—	» »
4410	— de cuivre	100	4 »	—	35 »
4411	— de fer	100	3 50	—	30 »
4412	— d'or	1	7 »	—	» »
4413	de plomb	50	2 60	—	45 »
4414	— **de potassium** cristallisé	100	2 25	—	20 »
4415	— de zinc	100	3 50	—	33 »
4416	Cyanoferrure de potassium jaune	100	» 80	—	6 50
4417	— — rouge	100	1 25	—	11 »

4418	**Dextrine**	500	1 »	—	1 75
4419	**Eau distillée**	»	»	goulot ordinaire.	» 60

ESSENCES.

4420	**Essence** de citron	100	5 »	bouché à l'émeri	45 »
4421	— **de lavande**	100	2 25	—	19 »
4422	— de naphte	100	2 »	—	16 »
4423	— de térébenthine rectifiée	100	» 75	—	3 50
4424	— — ordinaire	»	»	goulot ordinaire.	» »

ÉTHERS.

4425	**Éther** acétique rectifié	100	2 »	bouché à l'émeri	15 »
4426	— azotique rectifié pur	100	2 »	—	15 »
4427	— bromhydrique	25	3 25	—	» »
4428	— chlorhydrique	100	2 »	—	15 »
4429	— iodhydrique	25	3 25	—	» »
4430	— **sulfurique** rectifié à 65°	500	5 50	—	10 »
4431	— — — à 62°	500	4 »	—	8 »
4432	— — — à 56°	500	3 50	—	7 »
4433	Fleur de soufre	250	» 50	col droit.	1 »

FLUORURES.

4434	**Fluorure** d'ammonium	10	1 »	bouché à l'émeri	60 »
4435	— de barium	10	1 »	—	60 »
4436	— de cadmium	10	1 25	—	80 »
4437	— **de potassium**	10	1 »	—	60 »
4438	— de sodium	10	1 »	—	60 »

Fulmi-coton. *Voyez* Coton azotique.

4439	**Gélatine** pure	100	1 »	col droit.	8 50
4440	Glucose	250	1 »	—	2 50

No	Désignation	Quantité	Prix	Flacon	Prix
4441	**Glu marine**	250	1 50	col droit.	4 50
4442	Gluten	50	3 50	—	60 »
4443	Glycérine blanche	100	» 75	—	5 »
4444	**Gomme arabique** pulvérisée	100	1 »	—	7 50
4445	**Gomme laque**	100	» 75	—	6 »
	HUILES.				
4446	**Huile** de lin	250	» 75	goulot ordinaire.	2 50
4447	— d'olive pure	250	1 50	—	5 »
4448	— **de pétrole** blanche	100	1 50	bouché à l'émeri	10 »
4449	— de pieds de bœuf	»	»	goulot ordinaire.	»
4450	— de succin rectifiée	100	2 50	—	20 »
	Huiles essentielles. *Voyez* Essences.				
	Hydrochlorates. *Voyez* Chlorures.				
	Hydrobromates. *Voyez* Bromures.				
	Hydriodates. *Voyez* Iodures.				
	Hydrosulfates. *Voyez* Sulfures.				
4451	**Hyposulfite** de potasse	100	1 50	col droit.	12 »
4452	— **de soude**	500	1 45	—	2 60
4453	**Iode** sublimé	50	3 50	bouché à l'émeri	55 »
4454	**Iodoforme** (iodure de carbone)	5	2 50	—	»
	IODURES.				
4455	**Iodure** d'amidon soluble	50	2 50	col droit.	40 »
4456	— **d'ammonium**	50	4 »	bouché à l'émeri	70 »
4457	— d'argent	1	» 50	col droit.	»
4458	— **Barium**	25	2 75	bouché à l'émeri	80 »
4459	— de bismuth	25	3 25	—	100 »
4460	— **de cadmium**	50	4 25	col droit.	75 »
4461	— de calcium	25	4 »	bouché à l'émeri	120 »
4462	— **de carbone** (iodoforme)	5	2 50	—	»
4463	— **de fer**	25	2 25	—	65 »
4464	— **de magnésium**	25	3 50	—	110 »
4465	— d'or	1	8 »	—	»
4466	— de platine	1	1 50	—	»
4467	— de plomb	25	2 50	col droit.	70 »
4468	— **de potassium**	50	2 60	—	45 »
4469	— de sodium	25	2 25	bouché à l'émeri	55 »
4470	— de strontium	25	2 50	—	75 »
4471	— **de zinc**	50	4 25	—	70 »
4472	**Kaolin** lavé	500	1 25	col droit.	2 »
4473	**Liqueur Thierry,** avec instruction	200	6 »	bouché à l'émeri	»
4474	**Liqueur photogénique** pour collodion	100	1 60	—	12 »
4475	**Lycopode**	100	1 25	col droit.	10 »
	Magnésie. *Voyez* Oxyde de magnésium.				
	Manganèse. *Voyez* Oxydes.				
	Mercure distillé. *Voyez* Métaux.				
	MÉTAUX.				
4476	**Aluminium** en lames ou en fils	1	» 40	sans flacon.	»
4477	Antimoine	100	» 40	—	3 »
4478	**Argent vierge** en lames	1	» 35	—	»
4479	— en fils	1	» 35	—	»
4480	— en grenailles	1	» 35	—	»
4481	— travaillé (façon en plus)	1	» 35	—	»
4482	Bismuth	100	2 »	—	18 »
4483	**Cadmium** laminé	25	1 30	col droit.	45 »
4484	**Cuivre** pur pour la chimie	100	1 25	—	11 »

4485	**Cuivre** en fils de tous diamètres. . .	100	» 75	sans flacon.	6 »
4486	— laminé mince pour conducteurs.	»	»	—	»
4487	— en planches pour anodes. . .	100	» 50	—	4 »
4488	Étain pur en grenailles	100	» 90	col droit.	7 »
4489	Fer pur en tournure ou limailles . . .	»	»	—	1 »
4490	— en fils de tous diamètres	»	»	sans flacon.	»
4491	**Mercure** distillé	250	3 50	bouché à l'émeri	11 »
4492	**Nickel** fondu pur.	1	2 »	—	»
4493	— — pour les arts.	100	3 25	sans flacon.	30 »
4494	**Or fin** en lames ou en fils	»	»	—	»
4495	**Platine** —	1	1 25	—	»
4496	— travaillé (façon en plus) . . .	1	1 25	—	»
4497	Plomb pauvre en grenailles.	250	1 »	col droit.	3 »
4498	**Zinc** distillé.	100	1 15	—	9 »
	Muriates. *Voyez* Chlorhydrates.				
	Nitrates. *Voyez* Azotates.				
4499	**Noir animal** lavé.	250	» 80	—	2 25
4500	**Noir d'ivoire** très-pur	500	2 25	—	4 »
4501	— de fumée	»	»	—	»
	OXALATES.				
4502	**Oxalate** d'ammoniaque	100	2 50	—	20 »
4503	— de baryte	100	2 »	—	18 »
4504	— de chaux	100	1 40	—	12 »
4505	— de potasse neutre	100	3 »	—	25 »
4506	— — acide (sel d'oseille) .	100	» 80	—	6 »
4507	— de soude.	100	2 »	—	15 »
4508	— de zinc	100	2 50	—	22 »
	OXYDES.				
4509	**Oxyde d'argent**	1	» 30	—	»
4510	— de barium pur (baryte). . . .	50	4 »	bouché à l'émeri	35 »
4511	— de cuivre	50	2 25	col droit.	40 »
4512	— de manganèse (proto-)	50	1 50	—	22 »
4513	— — (deuto-)	50	1 50	—	25 »
4514	— — (per-) naturel . .	250	» 50	—	4 50
4515	— d'or par la potasse ou la magnésie	1	4 50	—	»
4516	— de platine.	1	2 25	—	»
4517	— de plomb (deuto-) minium. . .	250	» 75	—	2 »
	PAPIERS.				
4518	**Papier de curcuma**, la feuille. . . .	»	» 15	sans flacon.	»
4519	— **à réactifs,** la boîte.	»	1 25	—	»
4520	— de tournesol, la feuille. . . .	»	» 15	—	»
	— **divers.** *Voyez* page 59.				
	— **photographiques.** *Voyez* page 58.				
	PHOSPHATES.				
4521	Phosphate d'ammoniaque	25	» 75	col droit.	20 »
4522	— de chaux précipité	100	» 75	—	6 »
4523	— de soude pur.	100	» 75	—	6 »
4524	Plombagine pure pour métalliser . . .	100	1 75	—	15 »
	Polysulfure de potasse. *Voyez* Sulfure.				
4525	**Potasse d'Amérique**	250	» 75	—	2 »
4526	— **caustique** à la chaux	100	1 »	—	6 »
4527	**Potée d'étain**	100	» 75	—	6 »
	Poudres à polir. *Voyez* page 80.				
	Prussiates. *Voyez* Cyanures.				

4528	**Pyrophosphate de fer**, citro-ammoniacal (photogénique)	25	2 50	col droit.	70 »
	Pyroxile. *Voyez* Coton azotique.				
	Réactifs (Boîtes à). *Voyez* page 97.				
	RÉSINES.				
4529	**Résine** ordinaire	»	»	—	» 60
4530	**Copal** tendre	100	» 75	—	6 »
4531	Mastic en larmes	100	5 75	—	55 »
4532	Baume du Canada	50	2 80	—	50 »
4533	**Succin jaune** (ambre jaune)	100	1 75	—	15 »
4534	**Sel d'or** de M. Engler	1	3 »	bouché à l'émeri	»
4535	— de MM. Fordos et Gélis . . .	1	3 »	—	»
4536	Sirop de violettes.	100	2 »	goulot ordinaire.	18 »
4537	Soufre lavé.	250	» 60	col droit.	1 75
4538	Stéarine du commerce	100	» 70	—	5 »
4539	**Sucre candi**	100	» 50	—	3 75
4540	— **de lait** pulvérisé	500	2 75	—	5 »
4541	— **de raisin**	250	1 »	—	3 »
	SULFATES.				
4542	**Sulfate** de cuivre pur	500	2 25	—	3 75
4543	— — du commerce . . .	500	1 75	—	2 50
4544	— **de fer** pur (**protosulfate**) . .	250	» 70	—	1 75
4545	— — (persulfate).	100	» 80	—	6 »
4546	— de potasse	250	» 75	—	1 75
4547	— de soude.	500	» 60	—	» 90
4548	— de zinc	500	» 70	—	1 »
	SULFURES. (*Hydrosulfates.*)				
4549	**Sulfure d'ammoniaque.**	100	2 25	bouché à l'émeri	»
4550	— **de carbone**.	250	1 »	—	2 75
4551	— de potasse (polysulfure) . . .	250	1 »	—	2 75
4552	— d'étain (deuto-), or massif . .	100	3 25	col droit.	30 »
4553	Tannin de Pelouze	100	2 25	—	20 »
4554	Tartrate d'ammoniaque	100	2 25	—	20 »
4555	— de potasse	100	1 25	—	10 »
	TEINTURES.				
4556	**Teinture** de curcuma	100	6 60	goulot ordinaire	4 »
4557	— **d'iode** alcoolique.	50	1 50	bouché à l'émeri	20 »
4558	— de noix de galle	100	1 »	—	5 »
4559	— de tournesol	100	1 »	—	6 »
4560	Tournesol en pains	100	1 25	col droit.	10 »
	VERNIS.				
4561	**Vernis copal** blanc	250	2 50	goulot (le it).	8 »
4562	— à la gomme laque	»	»		
	— **photographiques.** *Voyez* page 79.				
4563	— pour le maroquin, le bois et les métaux	100	1 75	—	15 »
4564	— **blanc** pour le cuivre	100	1 50	—	13 »
4565	— **orange** pour le cuivre . . .	100	» 75	—	15 »
					4 »
4566	**Vinaigre de vin** distillé.	100	» 75	bouché à l'émeri	3 50
4567	— de bois.	100	» 70	—	

VERRERIE.

ALAMBICS EN VERRE (*fig.* 84).

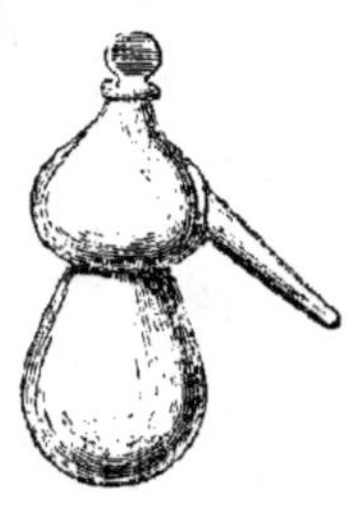

fig. 84.

4568	**Alambic en verre** bouché à l'émeri de 1/2 litre	. . . .	1	45
4569	— — de 1 —	. . . .	1	75
4570	— — de 2 —	. . . .	3	15
4571	— — de 3 —	. . . .	4	25
4572	— — de 4 —	. . . .	6	25

Voyez aussi **Alambics en cuivre étamé,** page 63.

ALLONGES DE CORNUES (*fig.* 85).

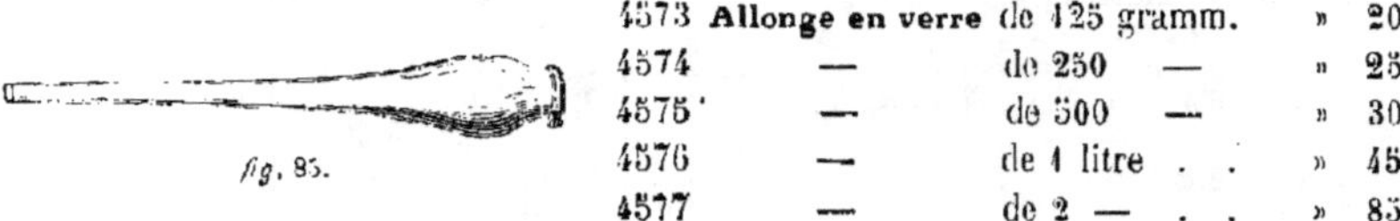

fig. 85.

4573	**Allonge en verre** de 125 gramm.	»	20
4574	— de 250 —	»	25
4575	— de 500 —	»	30
4576	— de 1 litre . .	»	45
4577	— de 2 — . .	»	85

BALLONS (*fig.* 86).

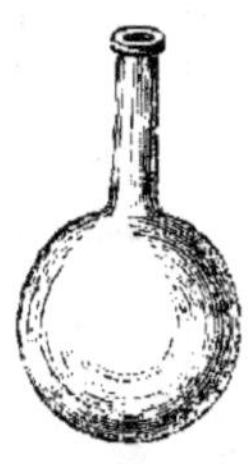

fig. 86.

4578	**Ballon en verre** de 8 grammes jusqu'à 125 grammes	. . . . . .	»	15
4579	— de 200 —	. . . .	»	20
4580	— de 250 —	. . . .	»	25
4581	— de 500 —	. . . .	»	30
4582	— de 750 —	. . . .	»	35
4583	— de 1000 —	. . . .	»	45

CORNUES (*fig.* 87).

4584 **Cornues en verre** de 8 à 125 grammes . . . . » 15
4585 — de 200 grammes . . . . » 20
4586 — de 250 — . . . . » 25
4587 — de 500 — . . . . » 30
4588 — de 750 — . . . . » 35
4589 — de 1000 — . . . . » 45
4590 **Chaque tubulure** ajoutée à une cornue. . . . . » 45
4591 — bouchée à l'émeri . . . . » 75

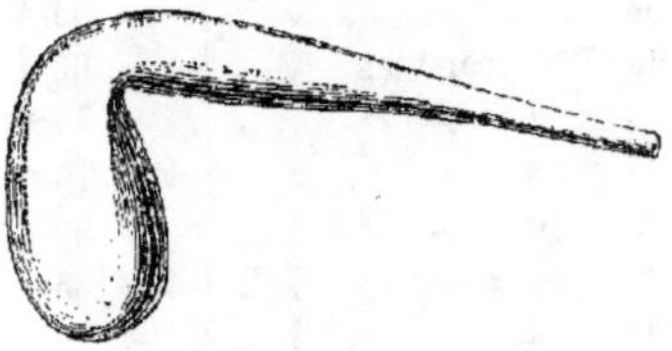

fig. 87. 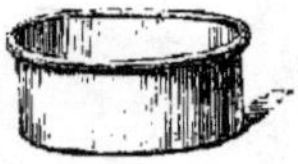 *fig.* 88.

CRISTALLISOIRS (*fig.* 88).

4592 **Cristallisoir chaque 3 centimètres** jusqu'à 16 centimètres. . . . . . » 20
4593 — de 19 centimètres de diamètre 1 45
4594 — de 22 — 1 70
4595 — de 25 — 2 25
4596 — de 27 — 2 85

ENTONNOIRS (*fig.* 89).

4597 **Entonnoir en verre** de 8 à 125 grammes. . . . . » 15
4598 — de 200 grammes . . . . » 20
4599 — de 250 — . . . . » 25
4600 — de 500 — . . . . » 30
4601 — de 750 — . . . . » 35
4602 — de 1000 — . . . . » 45

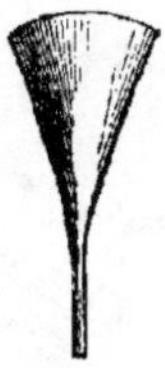

fig. 89. 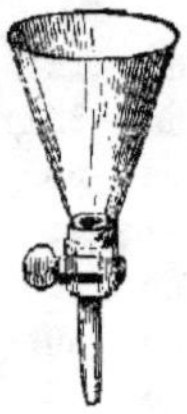 *fig.* 90.

ENTONNOIRS A ROBINET (*fig.* 90).

4603 **Entonnoir à robinet** de 125 grammes 2 30
4604 — de 250 — 3 40
4605 — de 500 — . . . . 4 »
4606 — de 1000 — 4 60

Entonnoirs en gutta-percha. *Voyez* page 68.

FLACONS NON BOUCHÉS.

PETITE OUVERTURE, DITS GOULOT ORDINAIRE, ET LARGE OUVERTURE, DITS COL DROIT.

				Large ouverture (*fig.* 91) ou petite ouverture (*fig.* 92).	
				A. La dizaine.	B. La pièce.
4607	**Flacons non bouchés**	de	2 à 15 gr. . . .	» 55	» 10
4608	—	de	25 grammes. . .	» 60	» 10
4609	—	de	30 — . . .	» 70	» 10
4610	—	de	45 — . . .	» 75	» 10
4611	—	de	60 — . . .	» 80	» 10
4612	—	de	90 — . . .	» 85	» 10
4613	—	de	125 — . . .	1 »	» 10
4614	—	de	150 — . . .	1 10	» 15
4615	—	de	200 — . . .	1 25	» 15
4616	—	de	250 — . . .	1 90	» 20
4617	—	de	300 — . . .	2 10	» 25
4618	—	de	400 — . . .	2 20	» 25
4619	—	de	500 — . . .	2 55	» 30
4620	—	de	750 — . . .	3 40	» 35
4621	—	de	1000 — . . .	4 25	» 45
4622	**Chaque litre suivant.**			4 25	» 45

fig. 91.

fig. 92.

FLACONS OUVERTURE ORDINAIRE

BOUCHÉS A L'ÉMERI (*fig.* 93).

				A. La dizaine.	B. La pièce.
4623	**Flac. ouv. ord.**	de	2 à 15 grammes.	1 90	» 20
4624	—	de	25 grammes	1 95	» 20
4625	—	de	30 —	2 30	» 25
4626	—	de	45 —	2 55	» 30
4627	—	de	60 —	2 85	» 30
4628	—	de	90 —	3 40	» 35
4629	—	de	125 —	4 »	» 40
4630	—	de	150 —	4 55	» 50
4631	—	de	200 —	4 60	» 50
4632	**Flacons ouverture ordin.**	de	250 —	5 10	» 55
4633	—	de	300 —	5 70	» 60
4634	—	de	400 —	5 75	» 65
4635	—	de	500 —	6 80	» 70
4636	—	de	750 —	7 80	» 80
4637	—	de	1000 —	8 50	» 90
4638	**Chaque litre suivant.**			8 50	» 90

fig. 93.

FLACONS A LARGE OUVERTURE

BOUCHÉS A L'ÉMERI (*fig.* 94).

		A. La dizaine.	B. La pièce.
4639	**Flacons à large ouvert. de** 2 à 15 gram. .	2 85	» 30
4640	— de 25 grammes. .	3 »	» 35
4641	— de 30 — . .	4 55	» 50
4642	— de 45 — . .	5 65	» 60
4643	— de 60 — . .	5 70	» 60
4644	— de 90 — . .	6 40	65 »
4645	— de 125 — . .	8 50	» 90
4646	— de 150 — . .	9 »	» 95
4647	— de 200 — . .	10 20	1 10
4648	**Flacons à large ouverture de** 250 grammes.	11 35	1 20
4649	— de 300 —	12 25	1 30
4650	— de 400 —	13 60	1 40
4651	— de 500 —	14 45	1 45
4652	— de 750 —	12 90	1 60
4653	— de 1000 —	17 »	1 75
4654	**Chaque litre suivant**	17 »	1 75

fig. 94.

FLACONS A ÉTIQUETTES VITRIFIÉES (*fig.* 95).

		LA PIÈCE, BOUCHÉE A L'ÉMERI.	
		Petite ouverture.	Large ouverture.
4655	**Flacons à étiquette vitrifiée** de 125 gramm.	1 15	1 70
4656	— de 250 — .	1 25	2 »
4657	— de 500 — .	1 70	2 75
4658	— de 1 litre . .	2 »	3 25
4659	— de 2 — . .	3 »	5 50

fig. 95.

Voici les étiquettes que nous avons ordinairement d'avance pour ces dissolutions.

Acéto-azotate d'argent.
Acide acétique.
— azotique.
— chlorhydrique.
— gallique.
— pyrogallique.
— sulfurique.
Alcool.
Ammoniaque.
Azotate d'argent négatif.
— — positif.
— — pour développer.
Bain d'iodure.
— d'azotate d'argent.
Chlorhydrate d'ammoniaque.
Chlorure d'or acide.
— alcalin.
— neutre.
— et hyposulfite
Chlorure de sodium.
Collodion normal de densité.
— épais.
Collodion photogénique.
Cyanure de potassium.
Eau distillée.
Ether sulfurique.
Hyposulfite négatif.
— positif.
Protosulfate de fer.

Outre ces étiquettes, nous pouvons fournir aux mêmes prix toutes celles qu'on nous indiquera; seulement on devra compter sur un délai de quinze jours pour la livraison.

ÉTIQUETTES GRAVÉES

A L'ACIDE FLUORHYDRIQUE.

4660	**Sur flacon de** 125 et 250 **grammes**	» 40
4661	— **de** 500 et 1000 —	» 50

Il va de soi que le prix du flacon est en plus.

Les étiquettes gravées ne sont pas aussi apparentes que celles vitrifiées, mais leur prix est moins élevé; de plus, elles sont promptement faites, et les inscriptions peuvent être plus complètes. On fait de semblables étiquettes sur les entonnoirs et tous autres articles en verre.

FLACONS DIVISÉS

POUR LES DOSAGES PHOTOGRAPHIQUES

à petite ouverture, bouchés à l'émeri, forme allongée.

4662	**Flacon de**	25 **grammes**,	divisé en centimètres cubes	2	»
4663	— de	50 —	— de 2 en 2 centimètres cubes . . .	3	50
4664	— de	100 —	— — — . .	6	»
4665	— de	150 —	— de 3 en 3 — . .	4	»
4666	— de	200 —	— de 5 en 5 — . .	5	»
4667	— de	250 —	— — — . .	6	»
4668	— de	500 —	— de 10 en 10 — . .	7	»
4669	— de	1000 —	— de 20 en 20 — . .	8	»

FLACONS A ROBINET (*fig.* 96)

(DE CRISTAL).

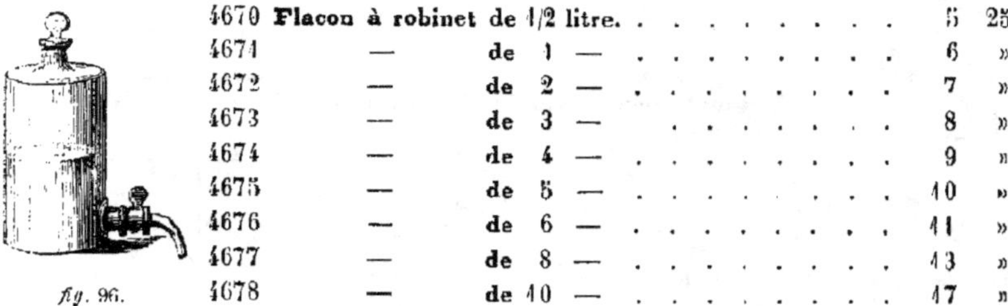

4670	**Flacon à robinet de** 1/2 **litre**.	5	25
4671	— **de** 1 —	6	»
4672	— **de** 2 —	7	»
4673	— **de** 3 —	8	»
4674	— **de** 4 —	9	»
4675	— **de** 5 —	10	»
4676	— **de** 6 —	11	»
4677	— **de** 8 —	13	»
4678	— **de** 10 —	17	»

fig. 96.

FLACONS DE WOOLF (*fig.* 97).

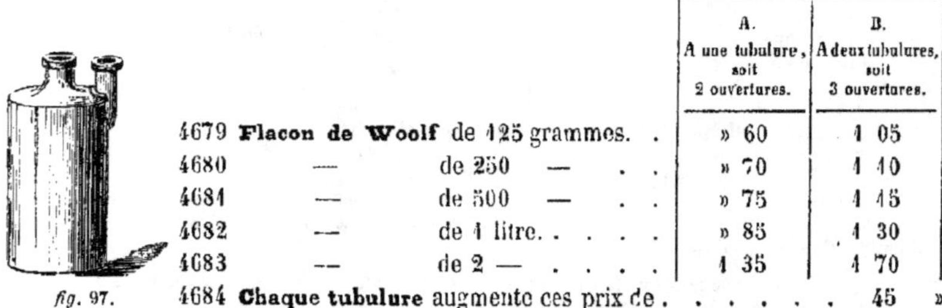

		A. A une tubulure, soit 2 ouvertures.	B. A deux tubulures, soit 3 ouvertures.
4679	**Flacon de Woolf** de 125 grammes. .	» 60	1 05
4680	— de 250 — . .	» 70	1 10
4681	— de 500 — . .	» 75	1 15
4682	— de 1 litre.	» 85	1 30
4683	— de 2 —	1 35	1 70

fig. 97.

4684 **Chaque tubulure** augmente ces prix de . . . . 45 »

RÉCIPIENTS FLORENTINS (*fig.* 98).

4685	**Récipient florentin de 1/2 litre**	»	85
4686	— de 1 —	1	15
4687	— de 1 — et 1,2	1	45
4688	— de 2 —	1	70
4689	— de 3 —	2	30

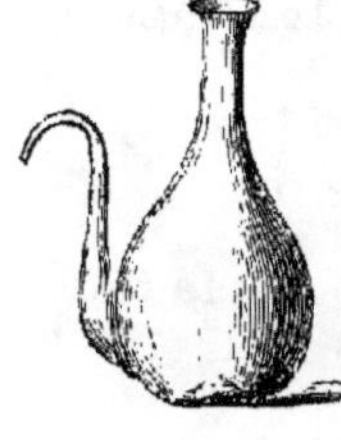

fig. 98.

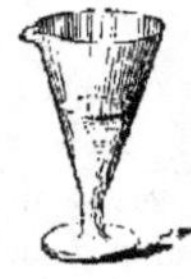

fig. 99.

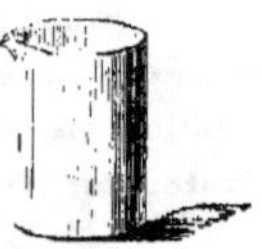

fig. 100.

VASES A EXPÉRIENCES (*fig.* 99).

		A. La dizaine.	B. La pièce.
4690	**Vases à expériences** de 15 à 45 grammes	2 05	» 25
4691	— de 60 grammes	2 25	» 25
4692	— de 90 —	2 40	» 25
4693	— de 125 —	2 50	» 30
4694	— de 200 —	2 85	» 35
4695	— de 250 —	4 »	» 45
4696	— de 500 —	6 80	» 70
4697	— de 750 —	8 50	» 90
4698	— de 1000 —	10 50	1 25

Ces vases sont d'un très-bon usage pour verser sur les glaces l'acide pyrogallique ou autre liqueur révélatrice.

VASES A PRÉCIPITER (*fig.* 100).

		A. La dizaine.	B. La pièce.
4699	**Vase à précipiter** de 50 grammes	1 15	» 15
4700	— de 100 —	1 30	» 15
4701	— de 125 —	1 50	» 20
4702	— de 250 —	2 »	» 25
4703	— de 500 —	3 40	» 35
4704	— de 750 —	4 »	» 45
4705	— de 1 litre	4 55	» 50
4706	— de 1 — et 1,2	6 80	» 70
4707	— de 2 —	9 25	1 »

Ces vases servent à verser sur les glaces la liqueur fixatrice, hyposulfite ou cyanure; ils sont très-commodes et se distinguent par leur forme des vases précédents, qui sont employés pour la liqueur révélatrice.

ARTICLES DIVERS DE VERRERIE.

4708 **Agitateurs** . . . . » 15
4709 **Appareil à déplacement** de Robiquet 4 60
4710 — de Guibourt . . . . 23 »
4711 **Capsule en verre** de 3 centimètres de diamètre . . . . » 15
4712 **Chaque 3 centimètres** en plus . . . . » 15
4713 **Chalumeau en verre soufflé** . . . . » 20
4714 **Cloches à gaz**, à douille ou à bouton, en verre. . . . Le kilogramme. 2 »
4715 — — en cristal — . . . . 3 »
Cloches divisées. *Voir* notre *Catalogue général.*
4716 **Cloche courbe** . . . . » 50
4717 **Cornues en verre.** *Voyez* page 89.
4718 **Cuillers en verre.** . . . . La pièce. 1 25
Entonnoirs en verre. *Voyez* page 89.
4719 — soufflé, pour filtrer le mercure . . . » 25
4720 **Éprouvettes à gaz**, en verre. . . . . . Le kilogramme. 2 »
4721 — **à pied** — — (*fig.* 101). . . 2 »
4722 — **en cristal.** . . . . Le kilogramme. 3 »
— **divisées.** *Voyez* Mesures de capacité, page 72.
4723 **Flacon à double bouchage** pour les essais. 1 15
Flacons divers. *Voyez* pages 69 et 90.
Lampes à l'alcool. *Voyez* page 70.
Matras à long col. *Voyez* Ballons, page 88.

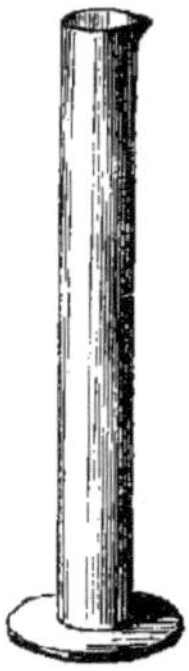

101.

4724 **Mortiers et pilons** en cristal . . . . Le kilogramme. 3 »

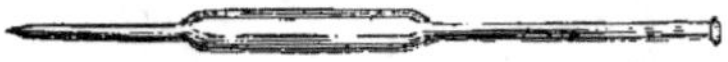

fig. 102.

4725 **Pipette** (*fig.* 102), diverses formes (indiquer l'usage auquel on les destine). » 40
4726 — **courbe** . . . . » 50
— **divisée.** *Voyez* Mesures graduées, page 73.
4727 **Pissette** pour les lavages continus (*fig.* 103) . . . . 1 »
4728 — Autre forme (*fig.* 104).. . . . . 1 50
— en gutta-percha. *Voyez* page 75.

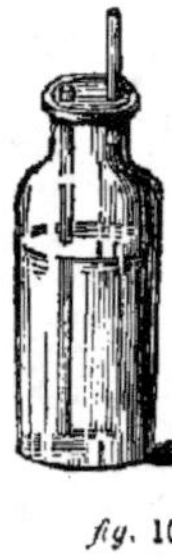

fig. 103. 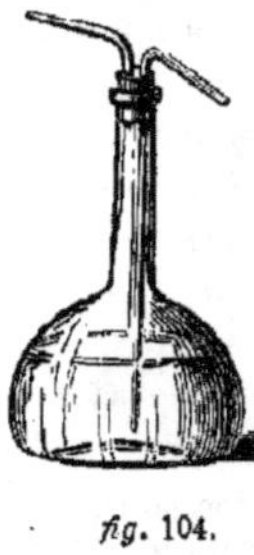 *fig.* 104.

Récipients florentins. *Voyez* page 93.
4729 **Robinet en cristal** . . . . 3 à 6

4730 **Siphon ordinaire** (*fig.* 105). . . . . 1 »
4731 — **à branche** (*fig.* 106). . . . . 1 à 5
4732 — — et à boule (*fig.* 107). . . . . 2 »
4733 **Serpentin** (*fig.* 108). . . . . 6 »

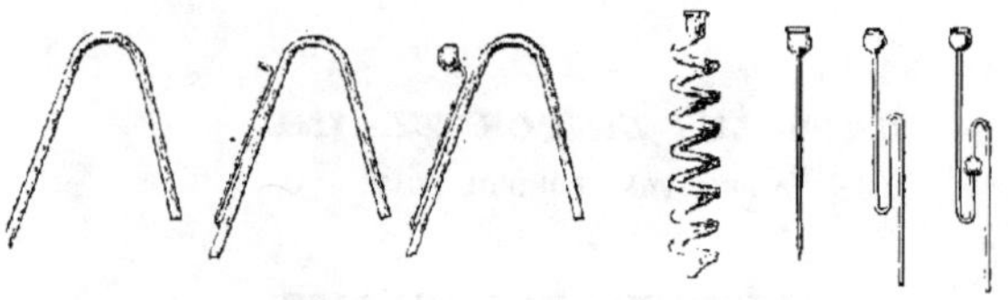

Figures 105, 106, 107, 108, 109, 110, 111.

4734 **Spatules en verre** . . . . Le kilogramme. 2 »
4735 **Tubes droits** de tous diamètres pour thermomètres, baromètres, tubes de sûreté, etc., etc. . . . . Le kilog. 2 »
4736 — **pleins.** . . . . Le kilogramme. 2 »
4737 — **en verre vert** . . . . Le kilogramme. 2 »
4738 **Tube de sûreté à entonnoir** (*fig.* 109). . . . . » 30
4739 — **avec boule** (*fig.* 110). . . . . » 80
4740 — **courbé en S** (*fig.* 111) . . . . 1 »

Vases à expériences. *Voyez* page 93.
— **à précipiter.** *Voyez* page 93.
— **pour l'acide pyrogallique** et l'hyposulfite. *Voyez* page 93.

PORCELAINE.

CAPSULES EN PORCELAINE

A BEC, FOND ROND OU PLAT.

Voyez page 66.

CORNUES EN PORCELAINE.

4741	**Cornue de 30 grammes**	1	70
4742	— de 60 —	2	30
4743	— de 125 —	2	85
4744	— de 250 —	4	»
4745	— de 500 —	5	70
4746	— de 1 litre	6	50
4747	— de 2 —	10	25

Voyez aussi **Cornues en verre**, page 89.

CREUSETS EN PORCELAINE

AVEC COUVERCLE.

4748	**Creuset de 2 centimètres** de diamètre	»	35
4749	— de 4 — —	»	40
4750	— de 5 1/2 — —	»	50
4751	— de 7 — —	»	60
4752	— de 8 — —	»	70
4753	— de 11 — —	»	85
4754	— de 14 — —	1	45
4755	— de 16 — —	1	70

CUVES A MERCURE

EN PORCELAINE

pour la chimie.

4756	**Cuve à mercure de 1/2 litre**	8	»
4757	— de 1 —	20	»
4758	— de 2 —	30	»
4759	— de 3 —	35	»

CUVETTES EN PORCELAINE.

Voyez page 51.

ENTONNOIRS EN PORCELAINE.

4760	**Entonnoir de 84 millimètres** de diamètre	1	50
4761	— de 97 — —	2	»
4762	— de 110 — —	2	50
4763	— de 150 — —	3	»

MORTIERS EN PORCELAINE

AVEC PILON.

Voyez page 71.

TÊTS A GAZ ET A ROTIR.

4764 **Têt à gaz** en biscuit . . . . » 85
4765 — **émaillé** 1 45
4766 **Têt à rôtir** en biscuit. » 70
4767 — **émaillé** 1 15

4768 **Cucurbite** en porcelaine pour les essais 1 45
4769 **Nacelles** — . . . . 15 à 60 c.
4770 **Tubes** — suivant la dimension . . . . 85 c. à 3 25

GRÈS ET TERRE.

Voir notre *Catalogue général.*

USTENSILES DE LABORATOIRE.

Alambics en cuivre étamé. *Voyez* page 63.
— **en verre.** *Voyez* page 88.
Appareils à déplacement. *Voyez* page 94, articles divers de Verrerie.
Aréomètres. *Voyez* page 63.
4771 **Bains de sable** en fonte, suivant le diamètre. . . . . 1 50 à 4 »
4772 — **en tôle** — . . . . » 75 à 2 »
4773 **Bain-marie** en cuivre, avec disques de rechange . . . . 20 »
Balances. *Voyez* page 64.
— **d'analyse et de grande précision.** *Voir* notre *Catalogue général.*

BOITES A RÉACTIFS

EN NOYER VERNI, GARNIES DE FLACONS AVEC ÉTIQUETTES VITRIFIÉES,

pour l'essai des produits chimiques, etc.

	BOITES ÉTAGÈRES SANS COUVERCLE.		BOITES ÉTAGÈRES AVEC COUVERCLE.	
	A. Flacons vides.	B. Flacons pleins.	C. Flacons vides.	D. Flacons pleins.
4774 **Boite contenant 24** flacons de 60 gr.	35 »	55 »	52 »	72 »
4775 — de 125 —	45 »	80 »	60 »	95 »
4776 — de 250 —	55 »	110 »	70 »	125 »
4777 **Boite contenant** 35 flacons de 60 gr.	42 »	75 »	60 »	93 »
4778 — de 125 —	50 »	100 »	75 »	125 »
4779 — de 250 —	60 »	140 »	90 »	170 »

Les boites des colonnes C et D ont en outre un tiroir contenant des capsules, une lampe à alcool et des tubes d'essai.

4780 **Bouchons de liége plats**, pour col droit, de 4 à 10 cent. de diam. Le cent. 4 à 10 »
4781 — **longs**, de 5 à 20 mill. de diamètre, pour goulot. — 1 à 3 »
4782 — **pour bouteilles de litre** . . . . — 5 »
4783 — **pour dames-jeannes**, de 4 à 5 1/2 cent. de diam. — 10 à 25 »
4784 **Briquet** à gaz hydrogène (hydroplatiniques), bec en porcelaine (*fig.* 112). . 10 à 25 »
4785 **Boule de zinc** pour les briquets ci-dessus . . . . » 40
4786 **Éponge de platine** (hydrochlorate de platine), id. . . . . 2 »
Burettes divisées. *Voyez* page 73.
4787 **Caoutchouc en feuilles** de toutes épaisseurs et dimensions. Le kilogramme 16 à 25 »
4788 — **en tubes** de 1/2 mill. à 12 mill. de diamètre. — 20 à 80 »
4789 **Capsules en argent vierge** . . . . . . Le gramme, façon en plus. » 35
4790 — **en platine** . . . . — — 1 25
— **en porcelaine.** *Voyez* page 66.
— **en verre.** *Voyez* page 94.

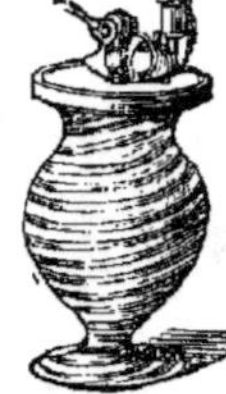

fig. 112.

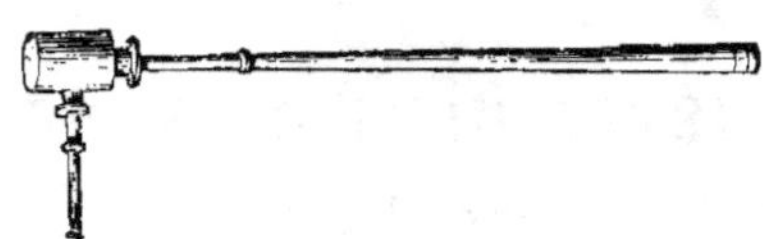

fig. 113.

CHALUMEAUX DE BERZÉLIUS (*fig.* 113).

4791 **Chalumeau en fer verni**, bout en cuivre rouge . . . . 3 »
4792 — — bout en platine. . . . . 5 »
4793 — **en cuivre jaune** — . . . . 8 »
4794 — **en maillechort** — . . . . 10 »
4795 — **en argent** — . . . . . Suivant le poids. 18 à 25 »

4796 **Cône en tôle** pour allumer les fourneaux . . . . 2 »
Cornues en cuivre. *Voir* notre *Catalogue général.*
4797 — **en fer.** *Voir* notre *Catalogue général.*
4798 — **en platine** . . . . Le gramme, façon en plus. 1 25
4799 — **en argent vierge**, — — . . . . » 35
4800 — **en grès.** *Voir* notre *Catalogue général.*
4801 — **en verre.** *Voyez* page 89.
4802 — **en plomb.** *Voir* notre *Catalogue général.*
4803 **Couteau en ivoire** . . . . 2 »
4804 — **en os** . . . . » 50
4805 **Creusets en argent vierge**. . . . . . Le gramme, façon en plus. » 35
4806 — **en platine** . . . . — — 1 25
4807 — **en fer.** *Voir* notre *Catalogue général.*
4808 — **en porcelaine.** *Voyez* page 96.
4809 — **en grès.** *Voir* notre *Catalogue général.*

N°	Article		Fr.	C.
4810	**Cuiller en platine**	Le gramme, façon en plus.	1	25
4811	— **en argent**	— —	»	35
4812	**Cuiller en fer**		1	»
	— **en verre**		1	25
	Cuves à eau pour la chimie. *Voir notre Catalogue général.*			
	— **à mercure** en porcelaine. *Voyez* page 96.			
	— — **en pierre.** *Voir notre Catalogue général.*			
	Éprouvettes divisées. *Voyez* page 72.			
	— **non divisées.** *Voyez* page 63.			
4813	**Fils d'argent vierge**	Le gramme (indiquer le diamètre).	»	35
4814	— **de platine**	— —	1	25
4815	**Forge portative**, soufflet cylindrique à simple vent		130	»
4816	— — à double vent (*fig.* 114)		180	»
4817	**Serre-feu** avec couvercle pour fondre les métaux avec les forges ci-dessus.		10	»
	Fourneaux. *Voyez* page 75 et notre *Catalogue général.*			
4818	**Gratte-brosse**		1	50
4819	**Lampe d'émailleur** à soufflet cylindrique (*fig.* 115)		70	»

fig. 114.

fig. 115.

N°	Article		Fr.	C.
	Lampes diverses. *Voyez* page 70.			
4820	**Support de lampe** à l'alcool		1	50
	Limes. *Voyez* Outils, page 101.			
4821	**Manchon réfrigérant,** en fer-blanc		5	»
4822	— **en cuivre**		10	»
4823	**Marmites** en fonte de fer		1 à 5	»
4824	**Masque** en toile métallique		2 à 3	»
	Mesures graduées. *Voyez* page 72.			
4825	**Mortier en bronze**, tourné, avec pilon		20 à 30	»
4826	— **en fer**		10 à 20	»
4827	— **en agate**		8 à 100	»
	— **en porcelaine.** *Voyez* page 71.			
	— **en verre.** *Voyez* page 71.			
4828	**Papier à analyses** non préparé	La main.	2	»
4829	— préparé	La boîte.	1	25
4830	— **à l'émeri.**	La feuille.	»	10
4831	**Pelle à braise** en tôle		1	25
4832	**Percerettes** pour les bouchons		1 à 2	»

4833 **Perce-bouchons,** de Danger . . . . 1 50 à 2 50

4834 **Pince en bois** pour les ballons à long col . . . . 2 »

Pipettes. *Voyez* pages 73 et 94.

Râpes. *Voyez* Outils, page 101.

4835 **Spatule en argent** . . . . Le gramme, façon en plus. » 35

4836 — **en buis** . . . . » 25 à » 75

4837 — **en fer** . . . . » 75 à 2 »

4838 — **en os.** . . . . » 50 à 1 50

4839 — **en platine** . . . . Le gramme, façon en plus. 1 25

Siphons. *Voyez* page 95.

4840 **Support en bois,** à entonnoir, pour filtrer . . . . 2 »

4841 — — — double. . . . . 3 »

4842 — **en cuivre,** pour lampe à alcool 1 50

4843 — **en bois,** à chandelier, pour élever les appareils 3 50

4844 — — à fourche 3 50

4845 — pour les cuvettes et les glaces. *Voyez* page 71.

4846 **Tamis en crin.** . . . . » 75 à 2 »

4847 — **en soie.** . . . . » 75 à 2 »

4848 — **en toile métallique.** . . . . 1 » à 3 »

Thermomètres. *Voyez* page 72 et 113.

4849 **Triangle en fer** pour les fourneaux . . . . » 50 à 1 »

Tubes de caoutchouc. *Voyez* page 74.

— **de gutta-percha.** *Voyez* page 69.

— **de plomb.** *Voir* notre *Catalogue général.*

— **de porcelaine.** *Voyez* page 97.

— **de verre.** *Voyez* page 95.

Vernis. *Voyez* page 87.

OUTILS.

4850 **Cisailles en acier.** Suivant la dimension. . . . . de 4 » à 10 »
4851 **Ciseaux de menuisier** — . . . . de 1 » à 2 »
4852 **Clous.** Suivant la forme et les dimensions. . Le kilogramme. de 1 » à 2 »
4853 **Compas divers.** *Voyez* page 106.
Couteaux à rogner les épreuves et les cartons. *Voyez* page 102.
4854 **Equerres à chapeau, en bois.** Suivant la dimension. . . . . de 2 » à 3 »
4855 — **en acier** — . . . . de 10 » à 15 »
4856 **Equerre mobile** en bois — . . . . de 1 50 à 2 »
Equerres diverses. *Voyez* page 103.
4857 **Étau à main en acier** — . . . . de 3 50 à 6 »
4858 — **d'établi** — 2 à 2 50 le k°. — . . . . de 16 » à 50 »
4859 **Goniomètre** d'Haüy — . . . . de 20 » à 30 »
4860 **Gratte-brosse** — . . . . de » 75 à 2 »
4861 **Limes plates,** diverses tailles — . . . . de » 75 à 3 »
4862 — **rondes** — — . . . . de » 60 à 2 »
4863 — **demi-rondes** — — . . . . de » 60 à 2 »
4864 — **carrées** — — . . . . de » 75 à 2 »
4865 **Marteau en acier** — . . . . de 1 50 à 4 »
Mesures diverses. *Voyez* page 108.
4866 **Niveau de maçon,** en bois — . . . . de 3 » à 5 »
— **divers.** *Voyez* page 110.
Pieds à becs. *Voyez* page 109.
4867 **Pinces à coulant en acier** — . . . . de 2 50 à 3 50
4868 — **coupantes** — — . . . . de 2 50 à 6 »
4869 — **plates en acier** — . . . . de 1 » à 2 50
4870 — **rondes** — — . . . . de 1 » à 2 50
4871 — **dites Brucelles** — . . . . de 1 » à 3 »
4872 — **à bouts de platine.** . . . . 7 »
4873 **Pointes à tracer** — . . . . de » 50 à 1 »
4874 — **à percer** — . . . . de » 50 à 1 »
4875 **Râpes diverses formes** — . . . . de » 60 à 2 »
4876 **Scie à main** pour repercer — . . . . de 5 » à 8 »
4877 — **tournante,** de menuisier — . . . . de 3 » à 6 »
4878 **Tas en acier** — . . . . de 4 » à 15 »
4879 **Tournevis** — . . . . de 1 » à 3 »
4880 **Trusquin en bois** pour tracer des traits parallèles . . . . de 1 » à 3 »
4881 — **en acier** — . . . . de 2 » à 10 »
4882 **Vis à tête ronde** ou **plate.** Suivant la dimension. . La grosse. de » 60 à 4 »

Nota. — Il sera bon de nous indiquer la destination des outils commandés.

ARTICLES DE DESSIN
ET AQUARELLE.

INSTRUMENTS ET FOURNITURES
POUR LE MONTAGE, LA RETOUCHE ET L'ENCADREMENT DES ÉPREUVES.

CALIBRES
POUR DONNER AUX ÉPREUVES LA FORME OVALE OU COINS RONDS.

4883 **Disques en cuivre** pour arrondir les coins des épreuves. La série de 6 disques 4 »

4884 **Chaque disque** pris séparément (indiquer le diamètre). . . . . . . 1 »

4885 **Ovales en zinc,** découpures pour tracer et noyaux pour couper les épreuves. . . . . La série de six découpures avec leurs noyaux. 10 »

4886 **Chaque découpure** avec son noyau. . . . . 2 » à 3 »

Avec ces ovales, il est très-facile de donner à ses épreuves une forme ovale régulière qu'il est impossible d'obtenir avec des ciseaux. Il sera bon de nous dire les dimensions des épreuves pour lesquelles on désire ces ovales. On pourra, si on le veut, nous en indiquer les deux diamètres.

4887 **Couteau pour rogner** les épreuves . . . . 2 »

4888 — les cartons, dit **Pointe de cartonnier.** . . . . . 3 »

4889 **Feuille de zinc** dressée, pour mettre dessous les épreuves à rogner. Suivant la dimension et l'épaisseur. . . . de 2 » à 10 »

4890 **Carton épais** pour faire des passe-partout de 49 sur 64. Suivant la force, les dix feuilles . . . de 3 » à 6 »

4890 *bis.* — Les dix kilog. . . . . . 4 »

Carte Bristol pour le même usage. *Voyez* page 60.

Cadres et passe-partout. *Voyez* Encadrements, page 64 et suivantes.

Outils divers. *Voyez* page 101.

RÈGLES.

	A. En poirier.	B. En ébène.	C. En glace.	D. En acier.
4891 **Règle de** 10 centimètres de longueur. .	» »	» »	2 »	6 »
4892 — **de** 15 — . .	» »	» »	2 50	7 »
4893 — **de** 20 — . .	» »	» »	3 »	9 »
4894 — **de** 30 — . .	» 60	2 25	3 50	12 »
4895 — **de** 40 — . .	» 75	2 75	4 »	16 »
4896 — **de** 50 — . .	1 »	3 50	5 »	20 »
4897 — **de** 60 — . .	1 50	6 »	» »	28 »
4898 — **de** 80 — . .	2 »	13 »	» »	35 »
4899 — **de** 1 mètre de longueur. . . .	3 »	18 »	» »	40 »

Règles divisées. *Voyez* Mesures de longueur, page 108.

ÉQUERRES.

	Dimension du grand coté en centimètres. De 15.	De 20.	De 25.	De 30.	De 35.
4900 **Équerre allongée en poirier** . . .	» 60	» 90	1 25	1 50	2 »
4901 — **en ébène** . . .	1 25	2 »	3 50	5 »	8 »
4902 — **en glace**. . .	4 »	4 50	5 »	7 »	9 »
4903 — **en acier**. . .	13 »	16 »	20 »	28 »	35 »

	Dimension des deux cotés égaux en centimètres. De 5.	De 8.	De 10.	De 15.	De 20.
4904 **Équerre à 45 degrés en poirier**. .	» 50	» 60	» 75	1 »	1 50
4905 — **en ébène** . .	» 75	1 »	1 50	3 »	5 »
4906 — **en glace**. .	1 75	2 »	2 50	3 »	5 »
4907 — **en acier**. .	8 »	10 »	13 »	16 »	25 »

T EN POIRIER.

	A. A tête fixe.	B. A tête tournante.
4908 **T en poirier pour grand aigle**	6 »	9 »
4909 — **pour 1/2**.	4 50	7 »
4910 — **pour 1/4**.	3 50	5 50

PLANCHES A DESSINER

EMBOITÉES D'ONGLET.

4911 **Planche de 73 sur 108 centimètres** (grand aigle). . . . . 20 »
4912 — **de 57 sur 73** — (1/2 —). . . . . 10 »
4913 — **de 38 sur 51** — (1/4 —). . . . . 6 »

GABARITES DITS PISTOLETS

(Instruments pour raccorder des courbes).

4914 **Pistolet, en poirier,** de divers modèles. . . . . de » 50 à 3 »
4915 — **en ébène.** — . . . . de 1 » à 6 »

GODETS EN PORCELAINE.

4916 **Godets en porcelaine** de 5 centimètres de diamètre . . . . » 30
4917 — de 6 — — . . . . » 40
4918 — de 7 — — . . . . » 45
4919 — de 8 — — . . . . » 50

4920 **Godet en glace dépolie** pour avoir de suite de l'encre de Chine très-noire; avec couvercle en verre rodé pour la conserver plusieurs jours, de 53 millimètres de côté . . 1 50
4921 — **semblable**, de 70 millimètres de côté 2 50

COULEURS EN TABLETTES.

4922 **De Newmann**, la dizaine, 6 fr. — 4923 **De P.-C. Lambertye**, la dizaine, 4 fr.

Bistre.
Blanc d'argent.
— de plomb.
Bleu minéral.
— de Prusse.
— de Paris.
Brun rouge.
— de Van Dyck.
Cendre bleue.
— verte.
Gomme-gutte.
Gris de Payn's.
Indigo.
Jaune de chrome n° 1.
— n° 2.
— n° 3.
— foncé.
Jaune d'or.
— minéral.
— de Naples.
Laque carminée.
— jaune.
— violette.
— brûlée.
— verte.
Momie.
Noir de bougie.
— d'ivoire.
— de pêche.
— de vigne.
Ocre brune.
— jaune.
— de rhue.
— rouge.
Orpin jaune.
— rouge.
Rouge d'Inde.
— de Saturne.
— de Venise.
Sang-de-dragon.
Stil de grain d'Angleterre.
Terre de Cassel.
— de Cologne.
— d'Italie.
— — calcinée.
— d'ombre.
— — calcinée.
— de Sienne.
— — calcinée,
— verte de Vérone.
Vermillon.
— de Chine.
Vert cristallisé.
— de Prusse.
— minéral.
— olive.
— de Scheel.
— végétal.
— de vessie.
— de chrome n° 1.
— — n° 2.
— — n° 3.

4924 **Couleurs de P.-C. Lambertye**, d'un prix plus élevé, la pièce :

Bleu de cobalt	1	60
— céleste	1	60
— intense	1	»
Brun Mars	1	»
Carmine	3	»
Carmin extra	2	»
— ordinaire	1	»
— de garance	4	»
— brûlé	4	»
— écarlate	2	»
Jaune d'antimoine	»	60
— de cadmium	1	60
— indien	1	»
— Mars	1	»
Laque écarlate	1	»
— de garance brune	1	»
— — foncée	1	»
— — rose	1	»
— rose	»	60
Lapis-lazuli petit form.	12	»
Orange Mars	1	»
Outremer	1	40
Pierre de fiel	2	»
Pourpre	1	»
Rouge Mars	1	»
Safran et chicorée godet	»	65
Sépia rehaussée	»	80
— dorée	»	80
Smalt	4	»
Vert émeraude	1	60
— de cobalt	1	60
Violet Mars	1	»

Ces mêmes tons en tablettes de Newmann subiraient une augmentation proportionnelle.

4925 **Encre de Chine** 1re qualité . . . Le bâton, suivant la grosseur. 2 » à 8 »

4926 **Sépia purifiée** en bâton rond. . . . . 1 »

PASTELS.

4927 **Ordinaires, durs.**

Boite de 12 crayons	2	»
— 18 —	3	»
— 24 —	3	50
— 36 —	4	»

4928 **Demi-durs.**

Boite double fond de 166	22	»
— plate de 134	16	»
— demie de 66	8	»
— quart	5	»

4929 **Tendres.**

Boite double fond de 166	22	»
— plate de 134	16	»
— demie de 66	8	»
— quart	5	»

CRAYONS.

4930	**Crayons Walter**, nos 1, 2, 3 et 4	La dizaine.	1	50
4931	— **Gilbert et Cie** —	—	1	25
4932	— **Gacheux**, nos 1, 2 et 3	—	1	25

PINCEAUX A LAVER.

PLUME DE CYGNE.

		A. Petit-gris, la dizaine.	B. Petit-gris pour fonds, la dizaine.	C. Martre rouge, la pièce.	D. Martre noire, la pièce.	E. Martre noire façon Chérion, la pièce.
4933	**Pinceaux à laver** nº 1.	7 50	8 »	4 »	6 »	8 »
4934	— nº 2.	6 »	7 »	3 50	4 50	6 »
4935	— nº 3.	4 50	5 »	3 »	4 »	5 50
4936	— nº 4.	3 »	4 »	2 75	3 50	4 50
4937	— nº 5.	2 50	2 50	2 »	3 »	4 »
4938	— nº 6.	2 »	2 »	1 50	2 50	3 »
4939	— nº 7.	1 50	1 50	1 »	2 »	2 50
4940	— assortis. . . .	4 »	4 »	» »	» »	» »

Ces pinceaux ne seront pas fournis pour des quantités moindres que celles indiquées.

PINCEAUX POUR LA MINIATURE.

		A. Superfin 1er choix, le cent.	B. Putois, la dizaine.	C. Martre rouge, la dizaine.	D. Martre noire, la dizaine.
4941	**Pinceaux pour miniature** nº 1.	6 »	» 90	2 »	2 50
4942	— nº 2.	7 »	1 »	2 25	3 »
4943	— nº 3.	8 »	1 15	2 50	4 »
4944	— nº 4.	8 50	1 50	3 50	6 »
4945	— nº 5.	9 »	1 70	4 »	8 »
4946	— nº 6.	10 »	1 80	4 50	10 »
4947	— nº 7.	11 »	1 90	5 »	12 »
4948	— nº 8.	12 »	2 »	6 »	15 »
4949	— assortis. . . .	9 »	1 50	4 »	8 »

Même remarque que ci-dessus.

4950 **Pinceaux pour épousseter les glaces.** Suivant la grosseur. de 2 » à 3 »

4951 — **en soies de porc,** ligature en fil verni, pour les lavages photographiques. Suivant la grosseur. » 35 à » 60

4952 — **plats pour vernir** . . . . » 75 à 1 50

4953 — **dits gros bout,** pour le lavis, pour adoucir le coloriage des plaques, etc. . . . . La pièce. » 45

4954 **Estompes en peau** et autres. Suivant l'espèce et la grosseur. de » 25 à 1 50

4955 **Gomme élastique.** . Le morceau, suivant la dimension. de » 20 à » 50

4956 — **en morceaux.** . . . . Le kilogr. 9 »

4957 **Colle à bouche.** . . . . Le morceau. » 10

4958 — *(trois formats)*. . . . . Le kilogr. 5 »

4959 **Sandaraque** . . . . Le flacon. » 25

4960 **Canif à deux lames** . . . . 4 »

fig. 116.

4961 **Grattoir.** 2 50

4962 **Clous à papier, dits punaises,** goutte de suif, pointes à vis (*fig.* 116), La dizaine. » 75

fig. 117. 4963 **Points de centre en corne** (*fig.* 117). . . . . . La pièce. » 50

Compas. *Voyez* **Instruments de mathématiques,** page 106.

INSTRUMENTS DE MATHÉMATIQUES.

COMPAS.

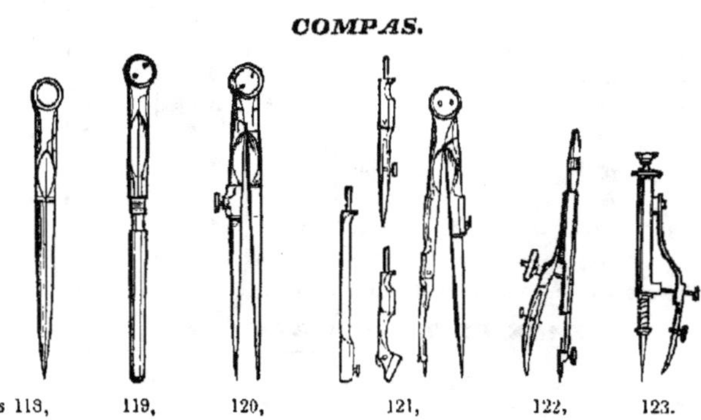

Figures 118, 119, 120, 121, 122, 123.

N°	Désignation	Fr.	C.
4964	**Compas à pointes sèches de** 11 **centimètres** (*fig.* 118)	3	»
4965	— — **de** 16 —	5	»
4966	— — **de** 11 — avec gaîne en cuivre (*fig.* 119)	10	»
4967	— — — — **à vis de rappel,** dit à cheveu (*fig.* 120). . .	8	»
4968	— **changeant de** 11 **c.,** avec tire-ligne, porte-cray. et allonge (*fig.* 121)	8	»
4969	— — **de** 16 — — —	10	»
4970	— **à ressort,** dit **balustre** (*fig.* 122).	6	»
4971	— — **à pompe** (*fig.* 123).	10	«
4972	— **de poche,** très-portatif.	15	»
4973	— **de réduction** (*fig.* 124).	14	»
4974	— — à crémaillère (*fig.* 125)	20	»
4975	— **à quart de cercle,** à pointes sèches de 16 centimètres (*fig.* 126).	12	»

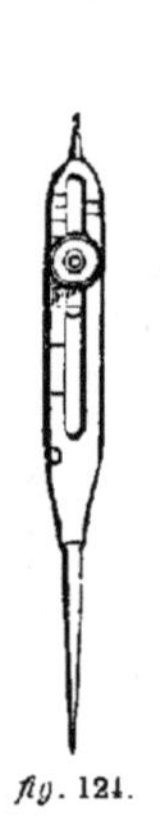

fig. 124.

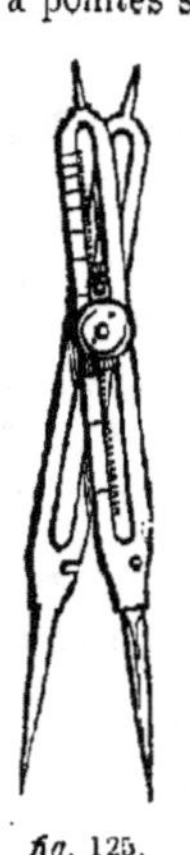

fig. 125.

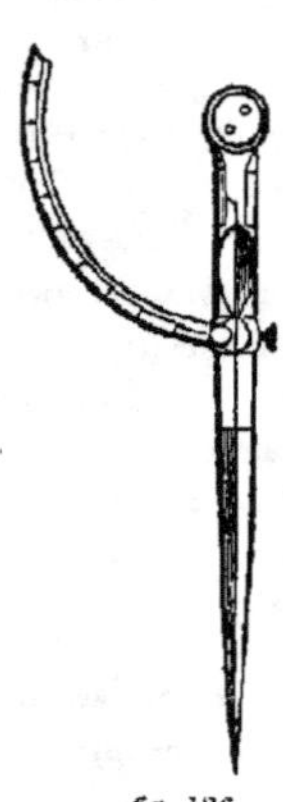

fig. 126.

4976 **Compas elliptique** de MM. Hamann et Heempel (*fig.* 127). . . . . . 35 »
4977 — **d'épaisseur** en fer ordinaire (*fig.* 128). . . . . . de 1 50 à 6 »
4978 — — dit *maître à danser*, ordinaire (*fig.* 129). . 1 50 à 6 »
4979 — — et à maître à danser, de 17 centimètres, en acier. . 15 »
4980 — **en acier,** pointes droites, pour atelier, de 20 centimètres . . . 13 »

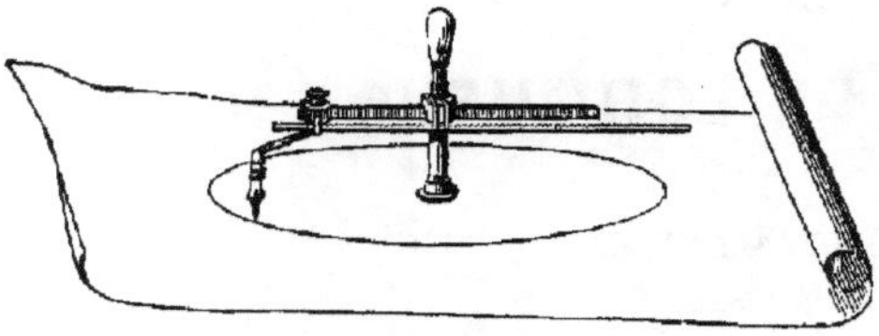

fig. 127. 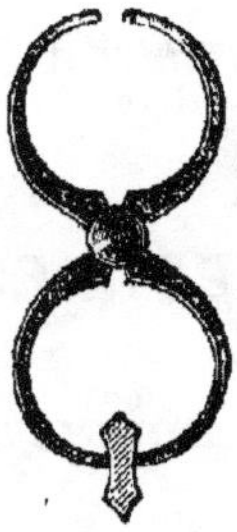 *fig.* 128. 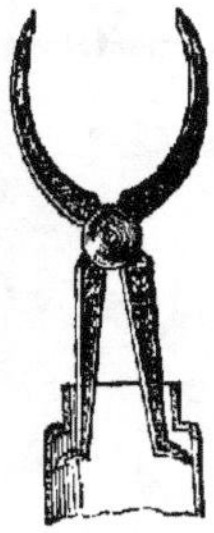 *fig.* 129.

PIÈCES PLATES.

4981 **Compas de proportion** en cuivre . . . . 8 »
4982 **Équerre pliante.** . . . . 8 »
4983 **Cassette de mathématiques**, composée d'un compas de 16 centimètres, changeant de pointes; un de 8 centimètres, idem; un de 11 centimètres à pointes sèches; un balustre à ressort; un tire-ligne manche ivoire; une échelle en buis, divisée en millimètres; un rapporteur en corne; les compas à pointes d'aiguilles, boîte en acajou. . . . . 30 »
4984 **Cassette de poche** dite **d'ingénieur,** composée d'un compas de 11 centimètres, à cheveu; un de 8 centimetres, changeant; un balustre à ressort; 2 tire-lignes à manche, dont 1 à profiler. Tous les compas sont à brisures d'acier; boîte en gainerie, fermeture à coulisse . . . . 35 »

Cassettes de mathématiques, diverses compositions et **Compas divers.** *Voir* notre *Catalogue général.*

TIRE-LIGNES.

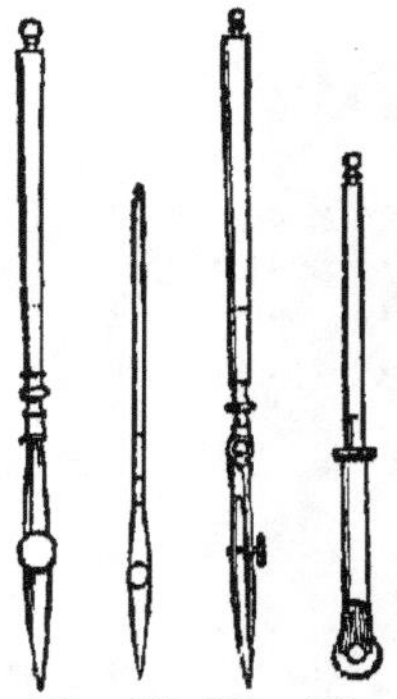

4985 **Tire-ligne manche ébène** (*fig.* 130). . . . . 2 »
4986 — **manche ivoire** (*fig.* 130). 2 50
4987 — — très-soigné (*fig.* 130) 3 50
4988 — dit **à profiler** — (*fig.* 131) 3 »
4989 — **à charnière** — (*fig.* 132) 5 »
4990 **Roulette à tracer des lignes ponctuées** (*fig.* 133) 2 50
4991 **Plume à pointe d'iridium,** dite **diamantée,** manche ordinaire . . 8 »
4992 — manche ivoire garni en argent doré. . 11 »

Ces plumes, formées d'un alliage d'or et de platine, sont excellentes et d'un usage indéfini.

130, 131, 132, 133.

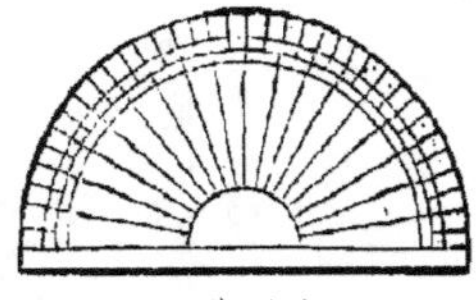
fig. 134.

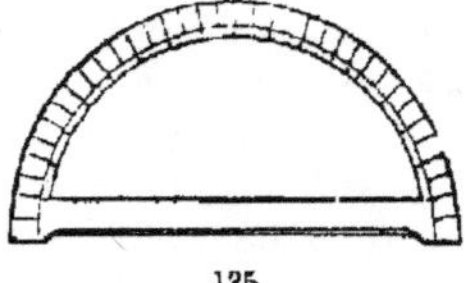
135.

4993 **Rapporteur en corne** de 16 centimètres (*fig.* 134) 1 50
4994 — **en cuivre** — (*fig.* 135). . . . . 6 »

MESURES DE LONGUEUR.

DOUBLES DÉCIMÈTRES (*fig.* 136)

A DEUX BISEAUX,

dont l'un divisé en millimètres et l'autre en demi-millimètres.

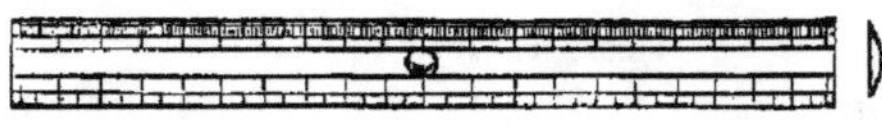
fig. 136.

4995 **Double décimètre en buis** 1 25
4996 — **en ivoire** . . . . 6 »
4997 — **en ébène,** les biseaux en ivoire. . . . . 6 »
4998 — **en acier** . . . . 14 »

TRIPLES DÉCIMÈTRES

MÊME CONSTRUCTION.

4999 **Triple décimètre en buis** . . . . 2 »
5000 — **en ivoire** . . . . 10 »
5001 — **en ébène,** biseaux ivoire . . . . 10 »
5002 — **en acier** . . . . 18 »

DEMI-MÈTRES

MÊME CONSTRUCTION QUE LES PRÉCÉDENTS.

5003 **Demi-mètre en buis** . . . . 5 »
5004 — **en ivoire** . . . . 15 »
5005 — **en ébène,** biseaux ivoire . . . . 15 »
5006 — **en acier** . . . . 30 »
5007 — — **à un seul biseau** . . . . 22 »
5008 — **étalons.** *Voyez* notre *Catalogue général.*

MÈTRES.

5009 **Mètre en buis,** même construction . . . .
5010 — **en ébène,** — biseaux ivoire. . . . . 50 »
5011 — **en acier,** — . . . . 65 »
5012 — — **à un seul biseau** . . . . 45 »
5013 — **plat ordinaire,** en noyer, bouts ferrés, divisé à plat en centimètres 4 »
5014 — **étalons.** *Voyez* notre *Catalogue général*

MÈTRES PLIANTS.

5015 **Mètre pliant en buis,** le premier décimètre divisé en millimètres. . . 1 »
5016 — **en baleine,** très-mince, pointé en argent. . . . . . 4 »
5017 — **en ivoire** . . . . 8 »

RÈGLES A PARALLÈLES, A ROULEAU (*fig.* 137),

EN ÉBÈNE, DEUX BISEAUX IVOIRE,

l'un divisé en millimètres, l'autre en demi-millimètres.

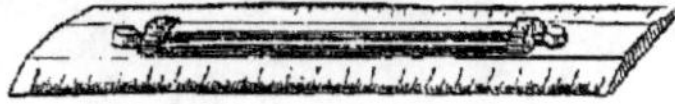

fig. 137.

5018 **Règle à rouleau de 20 centimètres** . . . . 15 »
5019 — **de 30** — . . . . 23 »
5020 — **de 50** — . . . . 50 »

ÉCHELLES A TRANSVERSALES (*fig.* 138).

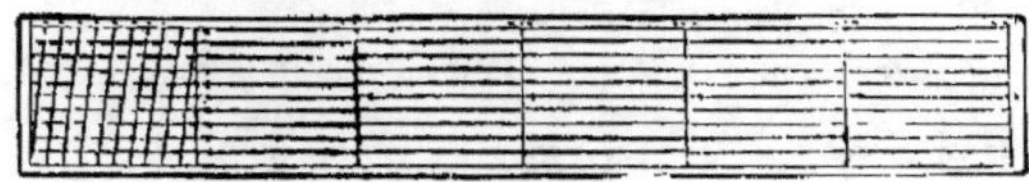

fig. 138.

	A. En cuivre.	B. En ivoire.
5021 **Echelle à transversales** à 2 divisions	4 »	7 »
5022 — à 4 —	6 »	8 50

MESURES A RUBAN.

	A. Boîtes en cuir, ruban de fil.	B. Boîtes en cuivre, ruban de fil.	C. Boîtes en cuivre, ruban d'acier.
5023 **Mesures à ruban de 5 mètres**	2 50	3 »	12 »
5024 — **de 10** —	3 50	4 »	18 »
5025 — **de 15** —	5 »	6 »	» »
5026 — **de 20** —	7 »	8 »	» »
5027 — **de 30** —	10 »	12 »	» »

MESURES A COULISSE

(DITES PIEDS A BECS),

Tiges en acier, douille en cuivre à un tirage.

	A. Ordinaire.	B. Plus soignée.	C. Avec vernier.
5028 **Mesure de 12 centim.** fermée, de **20** ouverte.	4 »	5 »	11 »
5029 — **de 15** — — de 25 — .	4 50	6 »	12 »
5030 — **de 20** — — de 35 — .	6 »	7 »	14 »
5031 — **de 30** — — de 50 — .	12 »	15 »	28 »

MESURES A COULISSE PLUS SOIGNÉES

TIGE EN ACIER DE VINGT CENTIMÈTRES PORTANT L'UN DES BECS, ET DOUILLE EN CUIVRE A COULISSE PORTANT LE SECOND BEC, ET UN VERNIER (*fig.* 139).

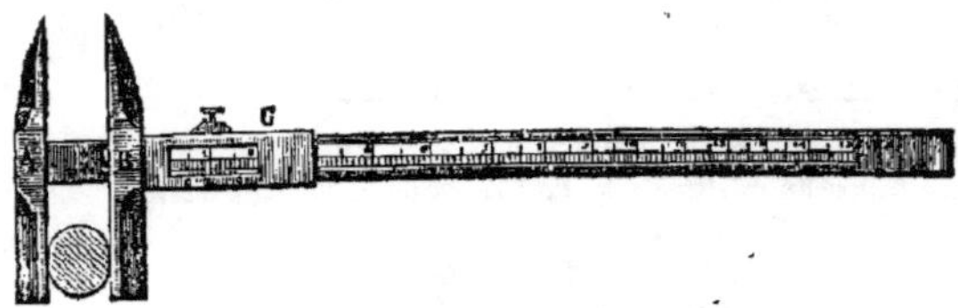

fig. 139.

5032 **Mesure à coulisse à becs simples** . . . . 10 »
5033 — **becs doubles**, à pointes d'un côté. . . . . 14 »
5034 — — courbés d'un côté, à pointes de l'autre. 20 »
5035 — — maître à danser. . . . . 16 »
5036 — de tourneur, donnant d'un côté le diamètre intérieur et de l'autre le diamètre extérieur . . . . 14 »
5037 **L'addition à ces mesures** d'une vis de rappel en augmente le prix de . . 10 »

MESURES A COULISSE SANS BECS

POUR PRENDRE DES MESURES D'INTÉRIEUR.

5038 **Mesure de 12 centimètres** fermée, de 20 cent. ouverte, dite de chapelier. »
5039 — **de** 15 — — de 25 — — . . . . 4 »
5040 — **de** 20 — — de 35 — — . . . . 6 »
5041 — **de** 30 — — de 50 — — . . . . 9 »
5042 **Étuis en gaînerie** pour les mesures ci-dessus. . . . . de 4 à 10 »

5043 **Calibre décimal à cadran** de 1 décimètre, à becs, avec cadran donnant les diamètres ou épaisseurs à 1/10ᵉ de millimètre. 12 »

NIVEAUX.

5044 **Niveau à bulle d'air** tout en verre, fiole rodée et divisée de 11 centimètres avec étui (*fig.* 140) 4 50

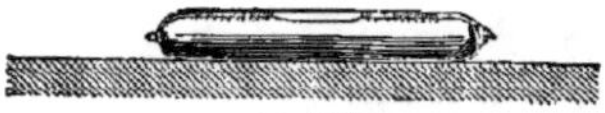

fig. 140. 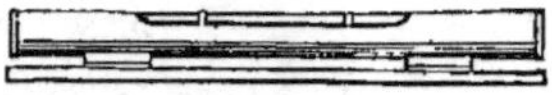 *fig.* 141.

NIVEAUX A BULLE D'AIR.

5045 **Niveaux à bulle d'air, monture en cuivre,** fiole divisée de 11 c. (*fig.* 141) 3 »
5046 — — — de 14 — 4 »
5047 — — — de 16 — 6 »
5048 — — — de 22 — 8 »
5049 — — — de 27 — 10 »
5050 — — — de 32 — 12 »

NIVEAU A BULLE D'AIR,

MONTURE EN FER,

Spécialement destinés aux grands ateliers de mécanique.

5051	**Niveau à bulle d'air, monture en fonte de fer, de 16 centimètres.** . .	7	»
5052	— — de 22 — . . .	10	»
5053	— — de 30 — . . .	14	»
5054	— — de 33 — . . .	18	»

Tous ces niveaux sont faits avec le plus grand soin; ils ont un rappel pour la rectification et sont accompagnés d'un étui.

5055	**Niveau sphérique** donnant l'horizontalité dans tous les sens, de 55 millim. de diamètre	4	50
5056	— idem, idem, de 75 millimètres de diamètre	6	»

Voyez aussi **Fil à plomb**, page 75.

NIVEAUX A RÉFLEXION

DE BUREL.

5057	**Niveau à réflexion**	18	»
5058	— pouvant servir à mesurer les pentes	35	»

Ces instruments, qui sont fort petits, peuvent facilement se mettre dans la poche.

INSTRUMENTS POUR PRENDRE DES ANGLES

ET POUR MESURER LES DISTANCES.

5059	**Equerre à réflexion** pour prendre des angles droits (*fig.* 142).	24	»
5060	— **d'arpenteur** à fentes et à fenêtres. *Voir* notre *Catalogue général.*		
5061	— — **divisée, dite Pantomètre** (*fig.* 143).	30	»
5062	— — — avec boussole.	45	»

Voyez aussi notre *Catalogue général.*

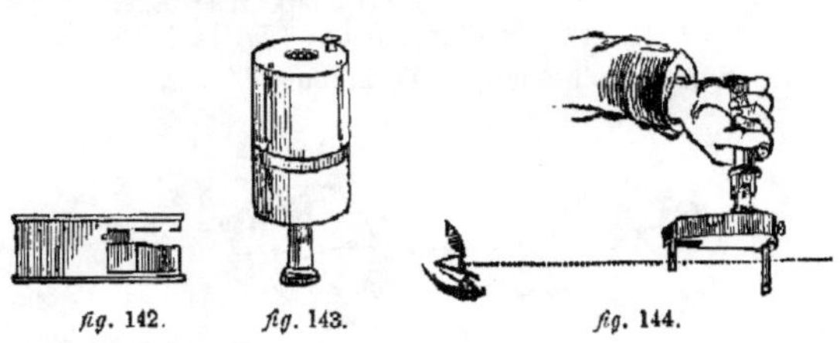

fig. 142. *fig.* 143. *fig.* 144.

5063	**Boussole** du capitaine **Burnier** pour les angles horizontaux (*fig.* 144) . .	35	»
5064	**La même, avec éclimètre** perfectionné, pour mesurer aussi les angles verticaux.	55	»

Cet instrument est des plus commodes pour les reconnaissances militaires et les ouvrages scientifiques; il est exclusivement employé par nos officiers d'état-major.

5065 **Nautomètre Morel** pour mesurer approximativement les distances (*fig.* 145) 5 »

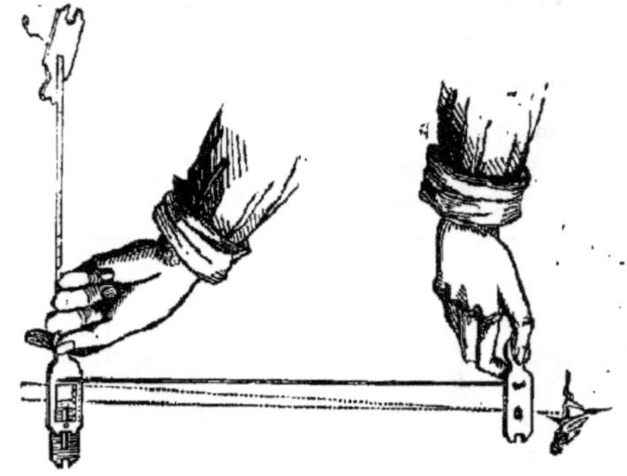

fig. 145.

Le nautomètre sert à mesurer avec la plus grande facilité la distance d'un objet dont on a la hauteur, ou sa hauteur quand on connaît sa distance.

Il est facile de comprendre à combien d'usages cet instrument peut s'appliquer. Son utilité dans la marine est déjà constatée par l'expérience; elle ne sera pas moindre pour les travaux de l'armée de terre, soit qu'il s'agisse de déterminer la distance d'un tir, la largeur d'une rivière, la hauteur d'une redoute, ou de mesurer l'espace d'un terrain pour des manœuvres. Le nautomètre peut simplifier singulièrement aussi la besogne d'un arpenteur. Il se prête aux caprices du promeneur, peut servir aux études du touriste, aider aux calculs du propriétaire; ce peut être un objet de luxe pour les uns, un objet de nécessité pour beaucoup, ce sera un objet de curiosité pour tous.

Lunette d'officier servant à mesurer les distances. *Voyez* page 121.

Iconomètres pour photographie. *Voyez* page 69.

5066 **Pédomètre** ou compte-pas . . . . 60 »

Voyez aussi notre *Catalogue général.*

BOUSSOLES.

5067 **Petite boussole breloque** en argent pour suspendre aux chaînes de montre . . . . de 3 50 à 5 »

5068 — en argent doré . . . . de 4 » à 6 »

5069 — en or . . . . de 8 » à 25 »

5070 **Boussole de poche** forme de montre, barreau à chape d'agate et cercle divisé de 35 millimètres (*fig.* 146). . de 6 » à 8 »

5071 — même construction, de 45 millimètres . . . de 7 » à 10 »

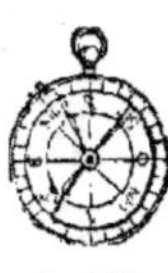

fig. 146.

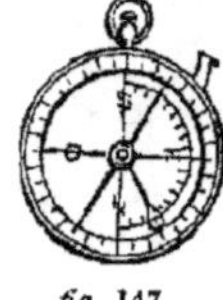

fig. 147.

5072 **Boussole de géologue** avec éclimètre pour mesurer les inclinaisons verticales (*fig.* 147). . . . . 25 »

5073 **Boussole méridienne,** boîte carrée en acajou formant cadran solaire universel . . . . 35 »

5074 — **plus grande,** avec niveaux et vis calantes. . . . 75 »

THERMOMÈTRES.

THERMOMÈTRES POUR L'EXTÉRIEUR.

fig. 148.

		A. A l'alcool.	B. Au mercure.
5075	**Thermomètre sur planchette peinte**	1 50	2 50
5076	— **sur poirier,** divisions frappées	3 »	4 »
5077	— **sur buis**	4 »	5 »
5078	— **sur ardoise**	4 »	5 »
5079	— **sur glace**	10 »	12 »
5080	— **sur porcelaine**	10 »	12 »
5081	**Thermomètre isolé** à chemise de verre, monté sur potence en acajou	6 »	8 »
5082	— **divisé sur glace,** avec supports en cuivre et planchette d'acajou (*fig.* 148)	35 »	37 »

5083 **Thermomètres** divisés sur glace **pour appliquer aux vitres** des fenêtres. Suivant la dimension. . . . . de 25 à 90

La plupart des thermomètres que nous avons fournis aux châteaux impériaux sont de ce dernier prix.

THERMOMÈTRES D'APPARTEMENT,

PLANCHETTE EN ACAJOU OU PALISSANDRE.

		A. A l'alcool.	B. Au mercure.
5084	**Thermomètres écrits sur bois de houx**	4 »	5 »
5085	— **divisé sur plaque de cuivre argenté**	9 »	10 »
5086	— **sur porcelaine**	14 »	15 »

THERMOMÈTRES DE VOYAGE.

		A.	B.
5087	**Thermomètre sur ivoire,** étui en cuivre	12 »	13 »
5088	— — à boîte acajou ou palissandre	10 »	11 »
5089	— **sur nacre,** —	14 »	15 »

THERMOMÈTRES USUELS ET POUR LA CHIMIE.

5090	**Thermomètre dit éprouvette** pour les eaux-de-vie, à l'alcool	2 50
5091	— — — au mercure	3 50
5092	— **chemise de verre,** divisions sur papier, portant 100 degrés	6 »
5093	— **même construction,** portant 200 degrés	8 »
5094	— **divisé sur tige** à l'alcool pour températures basses	8 »
5095	— — au mercure, de 0 à 100 degrés	10 »
5096	— — — de 0 à 200 —	14 »
5097	— — — de 0 à 350 —	18 »
5098	— **étalon,** à tige calibrée, divisé sur tige par 5me de degré de moins 20 à plus 60	20 »

BAROMÈTRES.

BAROMÈTRES DROITS

POUR APPARTEMENT.

5099 **Baromètre à siphon** sur planchette peinte, avec thermomètre, divisions écrites . . . . 12 »

5100 — — **à robinet,** même construction . . . . 16 »

5101 — **à cuvette,** même construction. . . . . 18 »

5102 **à siphon**, système de **Gay-Lussac**, sur planchette peinte. . 30 »

5103 — **à siphon**, planchette acajou, écrit sur bois de houx, à deux thermomètres. . . . . 25 »

5104 — — **à robinet**, même construction . . . . 30 »

5105 — **plus soigné, à robinet,** les plaques des thermomètres encadrées de moulures. . . . . 35 »

5106 — **semblable**, le robinet protégé par une planchette à coulisse (*fig.* 149). . . . . 45 »

5107 — construction n° 5105, les plaques en cuivre argenté, divisions gravées . . . . 60 »

5108 — **construction semblable,** le robinet recouvert (*fig.* 149). . . 70 »

5109 — **les plaques en porcelaine**, le robinet recouvert (*fig.* 149). . 85 »

5110 — **à large cuvette, grand modèle très-riche**, deux thermomètres dans des cylindres en cristal, formant colonnes; chapiteaux et garnitures dorés. . . . . 400 »

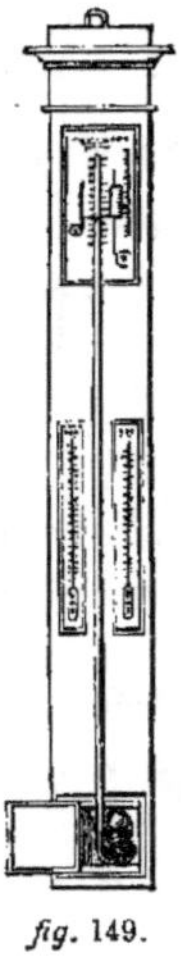

fig. 149. 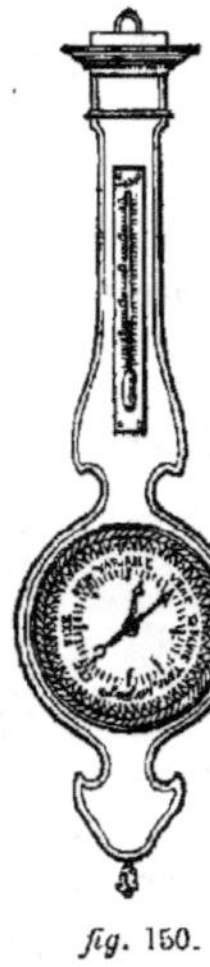 *fig.* 150. 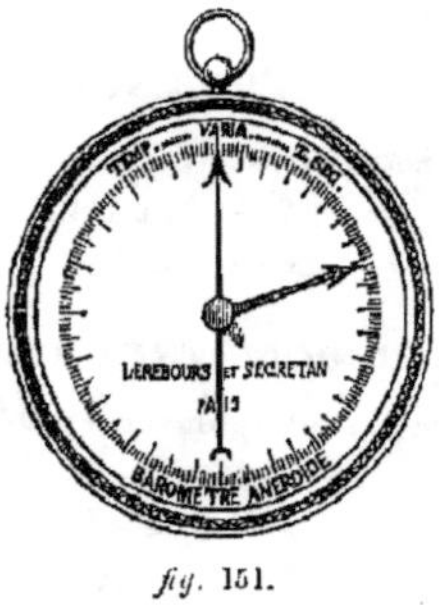 *fig.* 151.

BAROMÈTRES A CADRAN (*fig.* 150)

POUR APPARTEMENT.

5111 **Baromètre à cadran** en acajou ou en palissandre, le cadran du baromètre en carton porcelaine, le thermomètre sur cuivre argenté. . . . . 45 »

5112 — le cadran et la plaque du thermomètre en porcelaine, la lunette dorée. . . . . 90 »

BAROMÈTRES DE VOYAGE.

5113 **Baromètre à boîte fermante**, tube à robinet avec un thermomètre, divisions sur bois de houx, la boîte en noyer. 25 »

5114 — **même construction**, la boîte en acajou, les plaques en cuivre argenté . . . . . 75 »

BAROMÈTRES ANÉROIDES (*fig.* 151)

brevetés s. g. d. g.

ADOPTÉS PAR LA MARINE DE L'ÉTAT.

	A. Cadran en carte-porcelaine, sans thermomètre.	B. Cadran en cuivre argenté, avec thermomètre.
5115 **Baromètre petit modèle**, cadran de 12 cent.	50 »	60 »
5116 — **moyen modèle**, — 16 —	55 »	65 »
5117 — **grand modèle**, — 31 —	80 »	100 »

5118 **Baromètre petit modèle pour la mesure des hauteurs**, gradué sous la machine pneumatique, de centimètre en centimètre, jusqu'aux pressions les plus basses; avec thermomètre séparé, étui en cuir à bandoulière . . . . 100 »

5119 **Baromètre petit modèle**, dont le **cadran sur glace** laisse voir le mécanisme pour la démonstration. . . . . 65 »

Le n° 5115, colonne B, n'a qu'un seul thermomètre; les deux numéros suivants ont chacun deux thermomètres.

Les dimensions du baromètre à mercure, son extrême fragilité, les difficultés qu'il offre quand il s'agit de le transporter sans accident, ont fait chercher à un grand nombre de physiciens le moyen de remédier à ces graves inconvénients. Aucun des systèmes n'avait rempli les conditions nécessaires, c'est-à-dire : petitesse du volume, facilité et sécurité pour le transport, sensibilité et régularité de la marche. Le baromètre anéroïde satisfait à toutes ces conditions, savoir :

Quant au volume, le petit modèle ne présente guère qu'une surface de 1 décimètre sur une épaisseur de 5 centimètres.

Cet instrument, dont le principe repose sur l'élasticité des corps solides, est composé d'une petite boîte métallique très-mince dans laquelle on a fait le vide; la pression atmosphérique agissant sur cette boîte la fait fléchir; cette flexion est ensuite multipliée et communiquée à l'aiguille par un mécanisme des plus simples. Ce baromètre ne renferme ni liquide ni mercure, et, toutes les pièces dont il se compose étant en métal, il n'est d'aucune fragilité.

Sa marche est plus régulière que celle des baromètres à cadran.

Son *peu de volume*, son *exactitude* et la *sécurité complète pour le transport* doivent donc le faire préférer à tous les autres systèmes. Au reste, plusieurs milliers de ces nouveaux baromètres vendus dans l'espace de quelques années prouvent d'une manière irrécusable leurs nombreux avantages.

Baromètres d'observations et pour la mesure des hauteurs. *Voyez* le n° 5118 et notre *Catalogue général*.

HYGROMÈTRES.

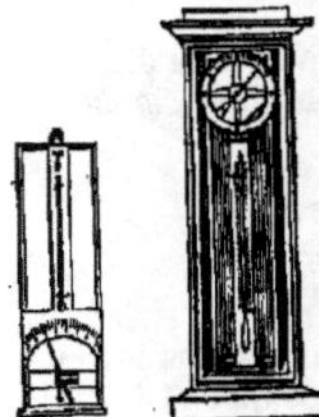

fig. 152. *fig.* 152 *bis.*

5120 **Hygromètre à cheveu**, de Saussure, monture en cuivre avec thermomètre, boîte en noyer (*fig.* 152). 30 »

5121 — renfermé dans une cage en acajou avec toile métallique (*fig.* 152 *bis*). . . . 65 »

OPTIQUE.

LOUPES.

5122	**Loupe à grossissement fort** pour l'étude des corps, monture en corne, à recouvrement, de 20 mill. de diam. (*fig.* 153)	2	50
5123	— — de 25 — —	4	»
5124	— — de 35 — —	5	»
5125	— — de 45 — —	6	»
5126	**Loupe achromatique**, même construction, de 30 millimètres —	8	»
5127	— — de 40 — —	10	»
5128	**Biloupe** à deux lentilles se superposant à volonté (*fig.* 154)	6	»
5129	**Triloupe** même construction, grossissements variables et très-forts (*fig.* 155)	8	»

Voyez aussi page 71 et notre *Catalogue général*, page 5.

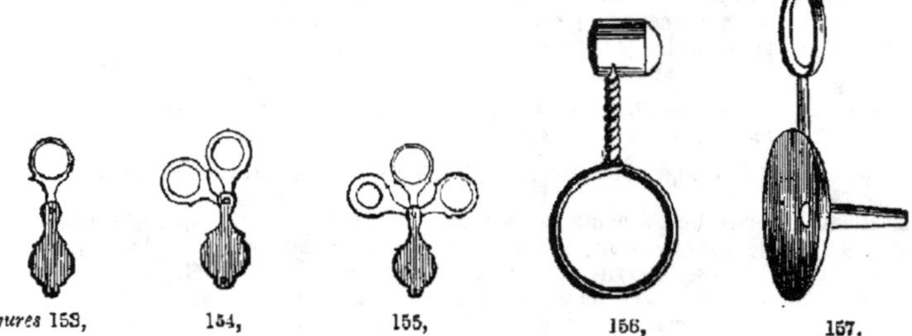

Figures 153, 154, 155, 156, 157.

MICROSCOPES SIMPLES.

LENTILLES *dites* MICROSCOPES STANHOPE.

5130	**Microscope Stanhope**, monté en argent (*fig.* 156).	4	»

Cette lentille, que nous avons importée d'Angleterre, offre de très-grands avantages : son champ est aussi étendu que celui de beaucoup de microscopes composés; sa lumière est plus grande que celle de tous les microscopes simples, et son amplification est considérable (40 fois en diamètre); étant formée par un cylindre en verre, dont l'une des surfaces (la plus plate) est au foyer de l'autre, il n'y a qu'à y appliquer l'objet, qui s'y maintient de lui-même.

Le peu de volume et l'extrême facilité avec laquelle on emploie cet instrument le rendent surtout précieux à la campagne, aux naturalistes et aux gens du monde. Rien de plus curieux que la poussière des étamines, les cristallisations de tous les sels. Les anguilles de vinaigre et celles de la colle de pâte y sont vues avec d'énormes proportions.

Ces instruments ont été présentés par nous à l'Académie des sciences et à la Société d'encouragement. Ceux achetés en province ou à l'étranger qui ne porteraient pas l'estampille *Lerebours et Secretan* ne sont pas fabriqués dans nos ateliers.

5131	**Microscope Stanhope** muni d'un écran pour l'œil et d'un tube qui ne laisse arriver sur la lentille que des rayons parallèles (*fig.* 157)	8	»

Celui-ci amplifie 80 fois en diamètre (6,400 fois en surface). Il permet d'observer les stries des poussières de papillon, les globules du sang, la plupart des animalcules; enfin, dans les ménages, ses applications ne sont pas moins nombreuses : il indique les falsifications qu'on fait subir à beaucoup d'aliments, l'addition de la fécule dans les farines, etc. Néanmoins, nous engageons les personnes qui comptent faire du stanhope un sujet d'amusement à prendre de préférence le premier, côté 4 fr., ou le n° 31.

MICROSCOPE STANHOPE BRELOQUE.

5132 **Microscope Stanhope**, dit **breloque**, en argent ciselé (*fig.* 158 et 159). . 8 »
5133 — — — doré (*fig.* 158 et 159) . . 10 »
5134 — — **en or** (*fig.* 158 et 159) . . . . . . 18 »

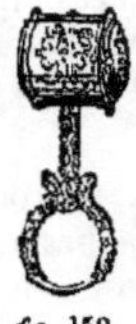
fig. 158.

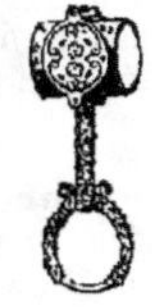
fig. 159.

Les effets optiques des microscopes breloques sont les mêmes que ceux du n° 5130. Après un certain temps, ces premières lentilles, portées constamment, finissent par se rayer. Celles-ci n'ont pas cet inconvénient. La figure 158 représente le microscope fermé; la figure 159 le représente prêt à servir.

Ces charmants instruments, comme microscopes de poche, peuvent rendre de grands services : dans les excursions, ils permettent d'observer immédiatement et sans aucune préparation les corps qu'on rencontre, et qui, comme les petits insectes aquatiques, ne peuvent souvent être conservés; leur *amplification considérable* et leur *grand champ* laissent voir les détails qui seraient inaperçus à la loupe, et qu'on n'a pas toujours le loisir d'observer au microscope composé.

LENTILLES CODDINGTON.

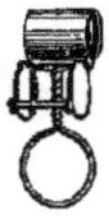

5135 **Lentille Coddington**, monture argent, comme le n° 5120 (*fig.* 156). 8 »
5136 — — à recouvrement (*fig.* 160). . 12 »

Les lentilles Coddington sont spécialement destinées à l'étude des corps opaques; leur amplification est de trente fois en diamètre.

fig. 160.

MICROSCOPES *dits* DE RASPAIL.

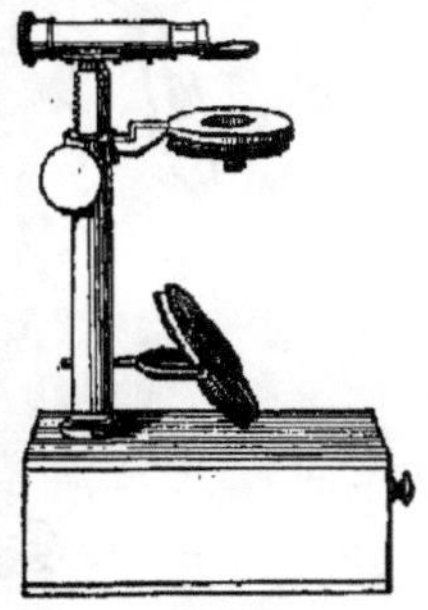
fig. 161.

5137 **Microscope simple**, dit de **Raspail**, sur colonne en cuivre avec crémaillère, 4 lentilles de rechange, outils de dissection, boîte en noyer verni (*fig.* 161) 35 »
5138 **Le même, construction semblable**, les lentilles achromatiques . . . . 50 »
5139 — **construction plus soignée**; quatre doublets de Wollastone, diaphragmes variables, outils de dissection, boîte en acajou . 70 »

MICROSCOPES COMPOSÉS.

5140 **Microscope achromatique** pour l'étude des corps opaques, les tissus, les œufs de vers à soie, etc., 2 lentilles achromatiques, boîte en gaînerie 40 »

Cet instrument possède une grande lumière et un champ considérable, surtout quand on l'emploie avec son plus faible grossissement, qui est de quinze fois en diamètre. Il est monté sur trois pieds qui se démontent; le tout est renfermé dans une boîte n'ayant qu'une longueur de 15 centimètres sur une largeur et une hauteur de 6 centimètres. Elle peut ainsi être facilement mise dans la poche.

5141 **Nouveau microscope d'amphithéâtre**, à 3 lentilles achromatiques, un oculaire, vis de rappel pour mettre au foyer, diaphragmes variables, grossissements variables de 45 à environ 250 fois en diamètre (*fig.* 162). 50 »

5142 **Microscope achromatique simplifié** de N. P. Lerebours, construction nº 3 à 18 amplifications variables de 45 à 400 fois en diamètre (*fig.* 163) . . 90 »

Ce modèle, malgré son prix modique, est des plus complets. Il possède un jeu de trois lentilles achromatiques, deux oculaires, des diaphragmes variables, une loupe pour éclairer les corps opaques, une pièce pour poser ceux-ci suivant leur teinte, une pièce pour observer les animalcules, une cuve pour la circulation de la séve et celle du sang, des outils de dissection avec deux disques à segment pour supporter les objets à disséquer, cinq objets transparents préparés, des lames de glace; le tout est renfermé dans une boîte en acajou; il est de plus accompagné d'une brochure explicative très-détaillée.

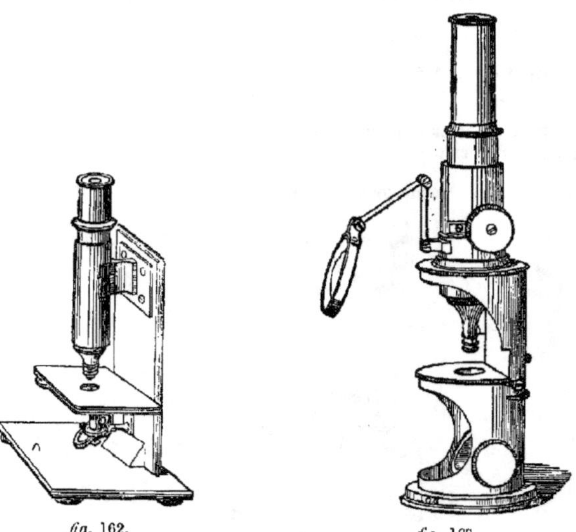

fig. 162. *fig.* 163.

Microscope achromatique simplifié, construction nº 1 et nº 2. *Voyez* notre *Catalogue général.* La construction nº 3 est de beaucoup supérieure à celles nº 1 et nº 2.

Ces microscopes, présentés à l'**Institut**, doivent le grand succès dont ils jouissent autant *à l'universalité de leur usage qu'à leur extrême bon marché.*

La lentille la plus faible, employée seule, a une amplification excessivement faible; ainsi, les gens du monde, qui ne voient dans le microscope qu'un passe-temps, pourront examiner des insectes entiers sans éprouver les difficultés qu'ils rencontraient dans les autres instruments qui ont un champ fort rétréci; quant aux puissants grossissements, notre combinaison la plus forte dépasse de beaucoup les limites nécessaires pour voir parfaitement la plupart des objets les plus difficiles. — Parmi les nombreux témoignages de satisfaction que nous avons reçus, nous nous contenterons de citer ceux insérés à la fin de notre *Catalogue général.*

5143 **Microscope même construction** (nº 3), ayant en plus une pièce à prisme qui le transforme à volonté en microscope horizontal. . . . . 120 »

5144 **Le même**, avec deux prismes de Nicol montés pour l'observation des phénomènes de polarisation microscopique . . . . 150 »

5144 *bis* **Aux deux derniers numéros** on peut ajouter une chambre claire à petit miroir d'acier qui permet de dessiner les objets vus au microscope . . 10 »

Microscopes différents systèmes. *Voyez* notre *Catalogue général.*

ACCESSOIRES DE MICROSCOPES.

5145	**Chariot mobile** pour faire mouvoir les objets avec des mouvements très-lents	25	»
5146	**Micromètre divisé sur verre,** le millimètre, en 10 parties, monture en bois.	4	50
5147	— — 50 — —	5	»
5148	— — 100 — —	6	»
	Les mêmes, avec monture en cuivre, en plus.	5	»
5149	**Oculaire à pointes mobiles** pour mesurer le diamètre des objets. . . .	15	»

L'emploi de cet oculaire avec le micromètre sur verre est un des procédés les plus simples et les plus précis pour déterminer les dimensions réelles des objets microscopiques.

5150	**Oculaire à recticule divisé** pour le même usage	18	»
5151	**Collection de 10 objets** transparents.	9	»
5152	— **de 20** —	18	»
5153	— **de 30** —	27	»
5154	— **de 50** —	50	»
5155	**Préparations plus soignées** . . . . La pièce, de 1	50 à 4	»
5156	**Collection de 5 objets** pour la polarisation.	8	»
5157	**Préparations plus soignées** pour la polarisation. . . . . La pièce.	2	»
5158	**Lames de glace** pour recevoir les objets, format nº 1. . . . La dizaine.	1	»
5159	— — — nº 2 —	1	50
5160	— **carrées, très-minces,** pour couvrir les préparations —	1	50
5161	— **avec concavité** pour les liquides. . . . . La pièce.	»	75
5162	— **à 2 concavités** — —	1	25
5163	**Épreuves photographiques** microscopiques. —	3	»

INSTRUMENTS DE DISSECTION.

5164	**Aiguille emmanchée,** droite ou courbe.	1	75
5165	— coupante	1	75
5166	**Porte-aiguille**	3	50
5167	**Scalpel.**	2	»
5168	**Pressel en acier.**	3	»
5169	**Ciseaux fins**	4	»
5170	— avec manche à ressort.	6	»
5171	**Baume du Canada** pour la préparation des objets. Les 25 grammes.	1	50

Pour les autres articles à l'usage des microscopes, voyez notre *Catalogue général.*

MICROSCOPES SOLAIRES

ET INSTRUMENTS POUR L'ÉTUDE DE LA LUMIÈRE.

5172 **Microscope solaire,** à lentilles achromatiques et focus variable ; la boîte en acajou contient, outre les accessoires nécessaires à la préparation des objets : les pièces pour la circulation de la séve et du sang, dix objets préparés et les vis à bouton pour fixer l'instrument sur le volet (*fig.* 164) 180 »

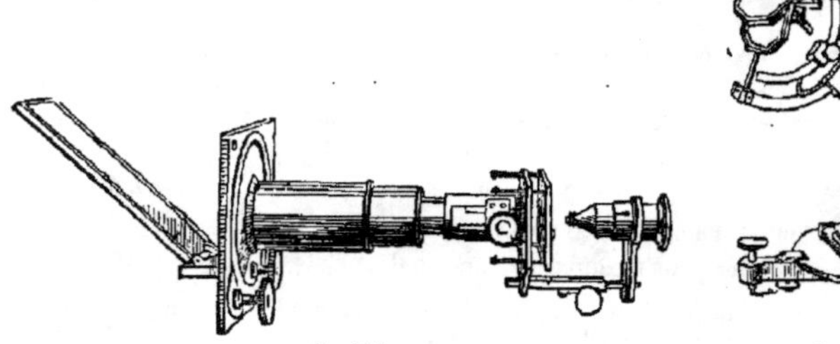

fig. 164. *fig.* 164 *bis.*

5173 **Microscope solaire** très-grand modèle ; le verre collecteur fixé à l'ouverture du cône a 8 centimètres de diamètre ; la boîte en acajou qui renferme les accessoires contient, outre ceux désignés dans l'article précédent, un micromètre, une pièce pour les animalcules, six objets préparés pour la polarisation, un prisme de Nicol et une tourmaline . . . . 300 »

5174 **Le même,** avec appareil pour les corps opaques. . . . . 400 »

Non-seulement le microscope solaire permet à un grand nombre de personnes de voir simultanément les corps mis en expérience, mais son champ immense (1 à 5 mètres), joint à son énorme amplification, en fait un des instruments les plus précieux de l'optique démonstrative.

5175 **Appareil pour produire le spectre** . . . . 90 »

Cet appareil se compose d'un prisme, d'une lentille achromatique et d'un écran à ouverture rectiligne. Cet appareil est celui dont on se sert pour déterminer le pouvoir *photogénique* des différentes parties du spectre.

5176 **Héliostat** de M. Silberman (*fig.* 164 *bis*). . . . . 500 »

Cet appareil sert à projeter la lumière solaire dans une direction constante.
Voyez aussi notre *Catalogue général* pour tous les instruments de polarisation et de diffraction.

LORGNETTES JUMELLES A 12 VERRES (*fig.* 165).

	A. Corps et coulants vernis (tout noir).	B. Corps couvert en maroquin, coulants vernis (tout noir).	C. Corps ivoire, coulants et branches dorés.	D. Corps écaille, coulants et branches dorés.
5177 **Objectifs de** 27 millim.	30 »	40 »	50 »	60 »
5178 — **de** 34 —	40 »	50 »	60 »	70 »
5179 — **de** 43 —	60 »	65 »	70 »	90 »

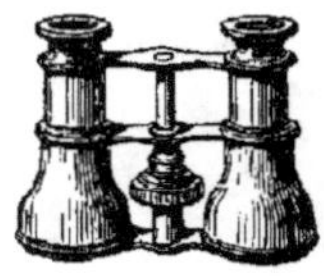

fig. 165.

Ces lorgnettes sont précieuses à cause de leur petit volume ; elles ont en outre un grossissement relativement fort.
Voyez aussi notre *Catalogue général.*

5180 **Lunette d'officier**, de voyage et de chasse (*fig.* 166) . . . . 30 »

Cette lunette, d'un nouveau modèle, possède un champ étendu et une grande lumière; elle est munie d'un micromètre, qui permet de mesurer approximativement les distances. Elle est surtout utile aux officiers d'artillerie et d'infanterie, en ce qu'elle leur indique le moment où il faut commencer et cesser le feu. Le micromètre étant mobile, on peut le faire disparaître quand on se sert de l'instrument comme lunette de voyage. Ladite lunette est munie d'un recouvrement pour le soleil et peut être portée suspendue par un cordon.

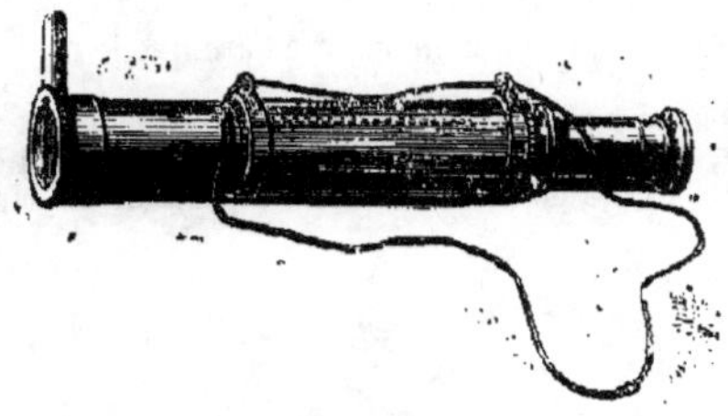

fig. 166.

Lunettes terrestres et **Lunettes célestes** de toutes dimensions, construction et puissances. *Voyez* notre *Catalogue général.*

NOUVEAUX TÉLESCOPES

A MIROIR DE VERRE ARGENTÉ, SYSTÈME DE M. LÉON FOUCAULT.

Ces instruments, dont la partie essentielle est due aux travaux et découvertes de M. Léon Foucault, le célèbre physicien, réunissent l'achromatisme rigoureux du télescope réflecteur à la limpidité et à la netteté des meilleures lunettes. Pour en donner un exemple, nous dirons seulement qu'un de ces télescopes, n'ayant que 52 centimètres de foyer, supporte un grossissement de 150 environ, avec une lumière suffisante pour les objets terrestres.

5181 **Télescope** de 95 mill. d'ouverture et de 52 cent. de foyer, avec pied (*fig.* 167). 250 »

5182 — de 22 cent. — et de — — . . . » »

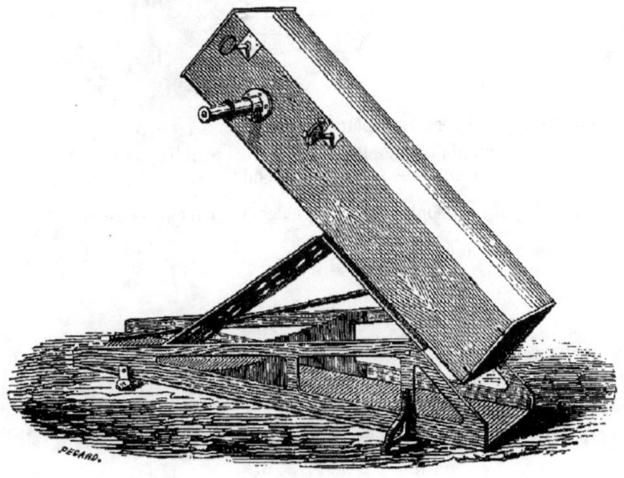

fig. 167.

Pour les télescopes de dimensions différentes, on devra s'adresser à ma maison et traiter de gré à gré. — Tous les instruments de ce genre qui se vendent chez moi portent la signature *Secretan et Foucault.*

CHAMBRES CLAIRES

POUR DESSINER D'APRÈS NATURE.

5183 **Chambre claire de Wollastone** simple (*fig.* 168) . . . . 35 »

5184 — complète, avec verres de couleur, verres convexes pour la parallaxe et tous les perfectionnements pour le dessin d'après nature (*fig.* 169) . . . . 75 »

5185 — **d'Amici**, montée de la même manière que le n° . . 75 »

Nous pensons que la chambre claire est l'instrument qui convient le mieux aux artistes et aux amateurs. Son peu de volume, sa perfection optique, son usage facile, qui en permet l'emploi dans toute localité et pour toute espèce de dessin, rendent cet instrument bien supérieur à tous ceux connus jusqu'à ce jour.

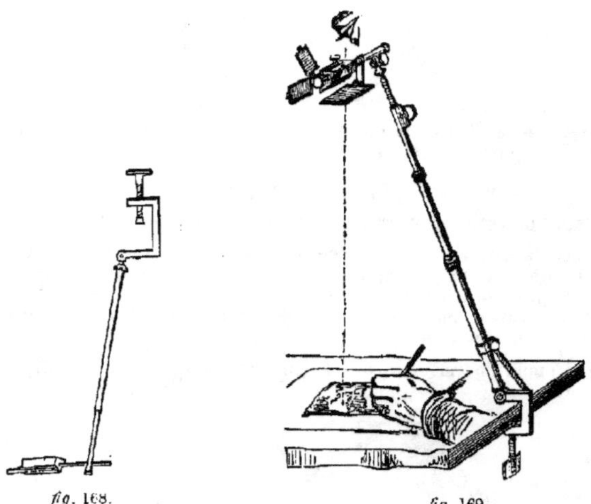

fig. 168. *fig.* 169.

5186 **Pied à 6 branches**, très-léger, avec planchette . . . . 18 »

5187 — à double planchette à charnière, pour copier les tableaux inclinés et les plafonds . . . . 25 »

Ces deux planchettes peuvent, à volonté, servir pour dessiner debout ou assis.

5188 **Tabouret** en forme de canne. . . . . 8 »

NOUVEAUX INSTRUMENTS D'ACOUSTIQUE.

5189 **Appareil** pour démontrer les **lois des vibrations** transversales des lames élastiques (**Lissajous**) . . . . 80 »

Cet appareil est composé de trois lames de même dimension : une libre, une encastrée à un bout, une encastrée aux deux bouts. Ces lames sont montées sur un même banc, de façon qu'on puisse facilement les faire vibrer avec un archet. On reconnaît ainsi que quand elles donnent un son correspondant au même nombre de nœuds :

1° Ce son est le même pour les trois lames;

2° Tous les nœuds occupent la même position, à l'exception du dernier, qui est remplacé par le point même d'encastrement quand l'extrémité, au lieu d'être libre, est encastrée.

Cet appareil permet aussi de vérifier les formules trouvées par M. Lissajous et reproduites dans la *Physique* de M. Pouillet, tome II, page 80, 6ᵉ édition. (Cet appareil a été construit pour la Faculté des sciences de Paris.)

5190 **Disque découpé** pour démontrer l'**interférence des ondes sonores** produites par les vibrations d'une plaque circulaire avec virole, se montant sur le support à plaque. . . . . 8 » à 13 »

5191 Chaque disque séparé . . . . 5 » à 10 »

5192 **Appareil** pour démontrer l'**inégale élasticité** des bois taillés dans divers sens et constater en même temps la relation qui existe entre les sons et les élasticités. (Cet appareil a été construit pour le cours de M. Desains et sur ses indications.) . . . . 50 »

5193 **Membrane à tension variable.** . . . . 10 »

5194 **Appareil** pour mesurer les élasticités par le tracé des vibrations d'après M. **Wertheim.** Modèle perfectionné fourni pour l'École polytechnique . 500 »

5195 **Appareil** pour démontrer le rapport numérique des sons dans l'accord parfait à l'aide de **quatre diapasons** traçant simultanément leurs vibrations. (Cet appareil a été construit pour la Sorbonne.) 75 »

5196 **Tableau peint** représentant la série des **figures optiques** correspondant aux intervalles musicaux les plus simples. . . . . 50 »

5197 **Appareil** pour démontrer la **composition de deux mouvements** vibratoires rectangulaires de même période (*fig.* 170). (Cet appareil a été construit pour la Faculté des sciences de Paris.) . . . . 100 »

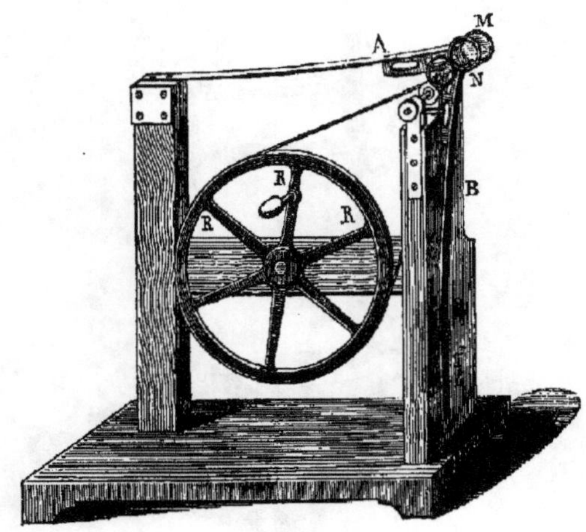

fig. 170

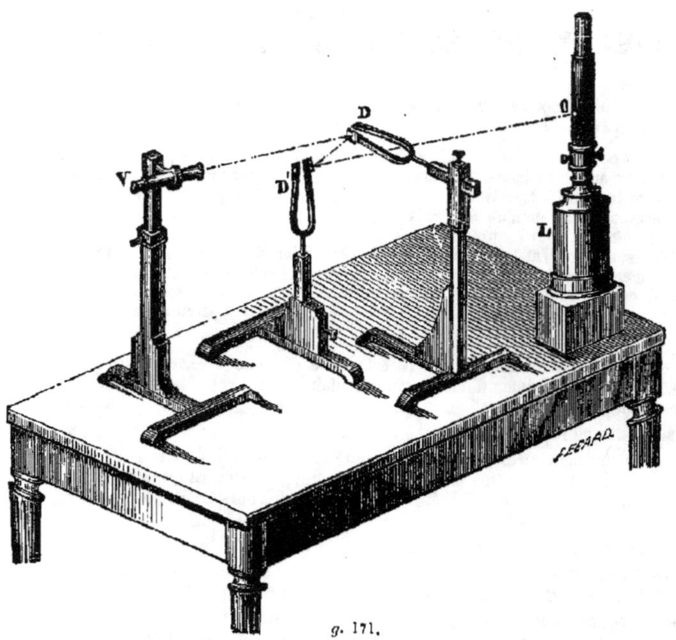

g. 171.

5198 **Grand appareil** pour l'étude optique des mouvements vibratoires, par M. **Lissajous** (*fig.* 171). 360 »

Cet appareil renferme six diapasons armés de miroirs : il permet de reproduire, soit en projection, soit par vision directe, toutes les courbes lumineuses qui correspondent à la composition de deux mouvements vibratoires rectangulaires.

Ces expériences ont été exécutées publiquement au cours de la Sorbonne en 1856, ainsi qu'à l'Institution royale deLondres.

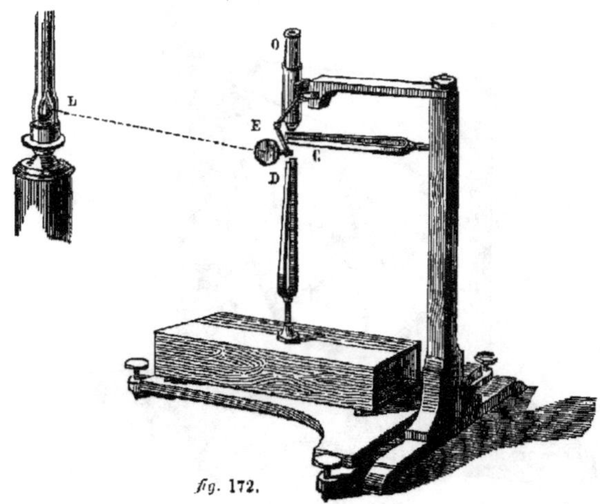

fig. 172.

5199 **Comparateur optique** des mouvements vibratoires (*fig.* 172). . . . . 80 »

Cet instrument, d'un usage pratique, peut servir à étalonner les diapasons avec la plus grande précision, sans le secours de l'oreille.

5200 **Registre** pouvant s'adapter sur la soufflerie et destiné à régler l'introduction du vent dans la sirène. . . . . » »

Cet appareil est préférable au robinet servant au même usage.

5201 **Appareil** pour démontrer la **composition des ondes sonores** . . . . . . 500 »

5202 **Sirène électro-magnétique** de M. **Bourbouze**, marchant sans le secours d'une soufflerie . . . . » »

5203 **Instruction** sur les **appareils nouveaux** de M. **Lissajous** . . . . 1 »

GLOBES ET SPHÈRES.

GLOBES TERRESTRES, GLOBES CÉLESTES ET SPHÈRES DE PTOLÉMÉE (*fig.* 173, 174 et 175).

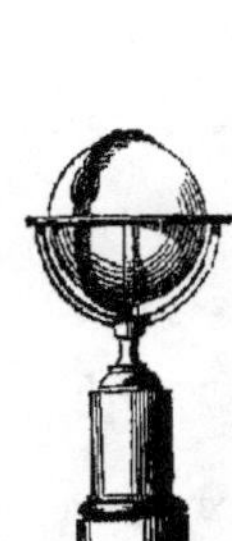
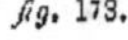

fig. 173.

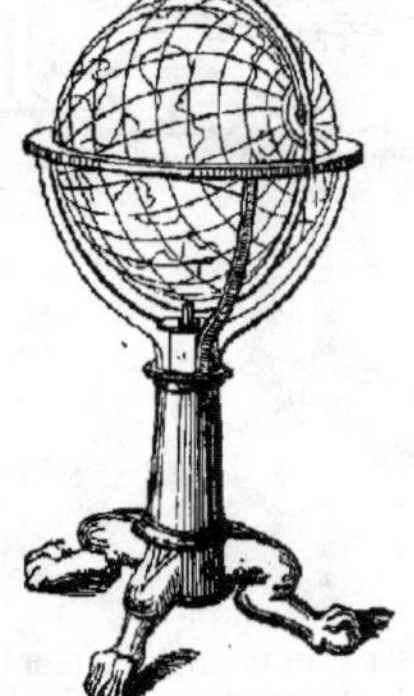

fig 174.

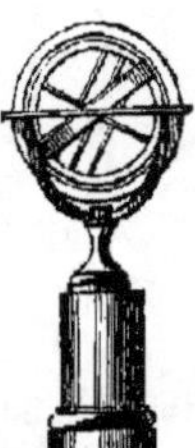

fig. 175.

	A. Colonne en bois noir, cercles en carton.	B. Colonne en bois noir, méridien en cuivre.	C. Colonne en acajou, méridien en cuivre.	D. Grand pied en acajou sculpté (*fig.* 174).
5204 **De 11 centimètres.**	8 »	14 »	» »	» »
5205 **De 15** —	12 »	16 »	» »	» »
5206 **De 19** —	15 »	20 »	» »	» »
5207 **De 22** —	18 »	24 »	36 »	» »
5208 **De 25** —	24 »	28 »	48 »	» »
5209 **De 27** —	30 »	45 »	60 »	» »
5210 **De 33** —	» »	» »	80 »	150 »
5211 **De 38** —	» »	» »	120 »	180 »
5212 **De 45** —	» »	» »	» »	280 »
5213 **De 50** —	» »	» »	» »	300 »
5214 **De 66** —	» »	» »	» »	400 »

SPHÈRES DE COPERNIC.

		A. Colonne en bois noir.	B. Colonne en acajou.
5215	**Sphère de Copernic, de 11 centimètres.**	14 »	» »
5216	— **de 15** —	18 »	» »
5217	— **de 19** —	22 »	» »
5218	— **de 22** —	26 »	36 »
5219	— **de 25** —	32 »	48 »
5220	— **de 27** —	36 »	54 »
5221	— **de 33** —	» »	100 »
5222	— **de 38** —	» ».	120 »

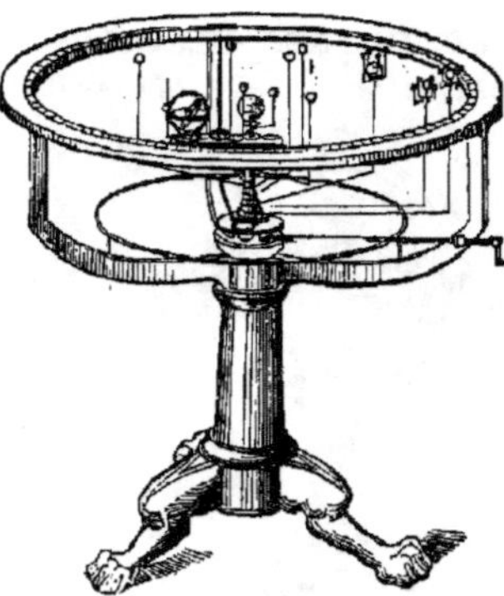

fig. 176.

5223 **Grand planétaire** de 50 centimètres de diamètre, monté sur pied en acajou sculpté, représentant les deux mouvements de la terre, celui de la lune et des planètes. Tous ces mouvements s'exécutent au moyen d'une manivelle, avec leur degré de vitesse respective (*fig.* 176). . . . . . 500 »

5224 **Idem** de 66 centimètres de diamètre. . . . . 550 »

5225 **Idem** de 1 mètre 20 centimètres. . . . . 700 »

5226 **Le même,** mu par un mouvement d'horlogerie. . . . . 800 »

5227 **Planétaire** de 33 centimètres de diamètre renfermé dans un globe de cristal de 50 centimètres de diamètre, mouvements exécutés au moyen d'une manivelle. . . . . 320 »

5228 **Le même,** avec les étoiles représentées sur le globe de cristal. . . . . 400 »

5229 INSTRUCTION. **Les usages de la sphère,** des globes céleste et terrestre. 3 »

BROCHURES.

BROCHURES SUR LA PHOTOGRAPHIE.

5230 BARRESWIL ET DAVANNE. **Chimie photographique** 7 50

5231 BLANQUART-EVRARD. **Photographie sur papier** 4 50

5232 Dr A. BOULONGNE. **Photographie et gravure héliographique** . . . 2 »

5233 ALPH. DE BRÉBISSON. **Traité complet de photographie sur collodion.** 5 »

5234 A. CLAUDET. **Recherches sur les principaux phénomènes de photographie** (1er mémoire) . . . . » 75

5235 — **Description du dynactinomètre et du focimètre** (2e mémoire). . 1 25

5236 — **Du stéréoscope et de ses applications à la photographie**; et F. COLAS. **Derniers perfectionnements apportés au Daguerréotype** 2 50

5237 — **Le stéréomonoscope** . . . . » 75

5238 DAGUERRE. **Historique et description du Daguerréotype et du Diorama**, orné du portrait de l'auteur. Paris, 1839 . . . . 1 50

5239 DAVID. **Méthode de peinture** appliquée à la photographie . . . . . 2 »

5240 Dr FAU. **Douze leçons de photographie** . . . . 3 »

5241 E. GODARD. **A B C de la photographie sur collodion** . . . . . . 2 »

5242 Baron L. GROS. **Quelques notes sur la photographie sur plaqué** . . 3 »

5243 E. LACAN. **Esquisses photographiques** . . . . 3 »

5244 LATREILLE. **Photographie simplifiée** 1 75

5245 LEREBOURS ET SECRETAN. **Traité de photographie sur plaqué**, cinquième édition entièrement refondue, contenant : Appareil panoramique, différence des foyers, gravures Fizeau, etc., etc., 1846 . . . . 2 50

5246 **Le même ouvrage**, plus : A. CLAUDET, **Du Stéoroscope**, et F. COLAS, **Derniers perfectionnements apportés au Daguerréotype**, ouvrages qui se complètent. 4 50

5247 Dr VAN MONKHOVEN. **Traité de photographie sur collodion** . . . 4 »

5248 — **Traité général de photographie** . . . . 10 »

5249 NIEPCE DE SAINT-VICTOR. **Traité pratique de gravure héliographique sur acier et sur verre**, avec portrait de l'auteur, gravé d'après ses procédés. . . . . 5 »

5250 SECRETAN. **De la distance focale des systèmes optiques convergents**, applications aux problèmes de la photographie . . . . 3 »

5251 SELLA. **Nouveau Guide du photographe**, traduit de l'italien et annoté, par E. DE VALICOURT. 3 50

5252 THIERRY. **Daguerréotypie. Franches explications sur l'emploi de sa liqueur invariable** . . . . 3 »

5253 VAILLAT. **Daguerréotypie**. . . . . 3 »

VALICOURT. *Voyez* SELLA.

5254 **Mémoire sur les modifications et perfectionnements apportés au stéréoscope**, par sir DAVID BREWSTER, traduit de l'anglais. . . . . . 2 »

Toutes les brochures sur la photographie.

BROCHURES DIVERSES.

5255 **Galvanoplastie**, ou Éléments d'électro-métallurgie, par E. DE VALICOURT, 2 vol. . . . . 5 »

5256 **Dorure et argenture** par la méthode électro-chimique par immersion simple, par E. DE VALICOURT. 1 80

5257 **Instruction pratique sur les microscopes**, par N. P. LEREBOURS, 3e édition, avec planche gravée sur acier. . . . . 2 »

5258 **Galerie microscopique**, traduction du *Microscopic Cabinet* de M. Pritchard; augmenté de notes de N. P. Lerebours. . . . . 6 »

5259 **Instruction sur le dipléidoscope** ou instrument méridien. . . . . . . 1 »

5260 **Instruction sur le prisme des passages**. . . . . » 75

5261 **Instruction sur la règle logarithmique ou à calcul**, par ARTHUR, 2e édit. 2 »

5262 **Instruction sur la règle à calcul**, par GUY, 4e édition. . . . . . . » 75

5263 **Petit Manuel du négociant d'eau-de-vie, liquoriste, marchand de vin et distillateur,** par P. RAVON, 1846. . . . . » 75

5264 **Le même ouvrage**, *Manuel Roret*, nouvelle édition, revue, corrigée et augmentée par MM. RAVON et MELEPEYRE. . . . . » 75

5265 **Catalogue et prix des instruments** qui se trouvent ou s'exécutent dans les magasins et ateliers de SECRETAN, successeur de LEREBOURS et SECRETAN. 3 »

LEÇONS DE PHOTOGRAPHIE.

Paris. — Typographie de Henri Plon, imprimeur de l'Empereur, rue Garancière, 8.

www.ingramcontent.com/pod-product-compliance
Lightning Source LLC
LaVergne TN
LVHW020026170826
845678LV00001B/132

* 9 7 8 2 3 2 9 7 5 8 0 7 7 *